마크라메

두 손에 머무는 매듭의 시간,

두 손에 머무는
매듭의 시간, 마크라메

| 만든 사람들 |

기획 실용기획부 | **진행** 한윤지·윤지선 | **집필** 김혜영 | **편집·표지 디자인** D.J.I books design studio 류혜경·김진

| 책 내용 문의 |

도서 내용에 대해 궁금한 사항이 있으시면
저자의 홈페이지나 아이생각 홈페이지의 게시판을 통해서 해결하실 수 있습니다.

아이생각 홈페이지 www.ithinkbook.co.kr
아이생각 페이스북 www.facebook.com/ithinkbook
디지털북스 카페 cafe.naver.com/digitalbooks1999
디지털북스 이메일 digital@digitalbooks.co.kr
저자 이메일 monkey2rain@gmail.com

| 각종 문의 |

영업관련 hi@digitalbooks.co.kr
기획관련 digital@digitalbooks.co.kr
전화번호 (02) 447-3157~8

◇ 프롤로그

"마크라메 배우기 어렵지 않나요?"

마크라메 수업을 할 때마다 처음 오시는 분들이 하나같이 입을 모아 하는 이야기입니다. 사실 마크라메는 간단한 몇 가지 매듭만으로도 충분히 근사한 작품을 만들 수 있습니다.

저 역시 마크라메를 처음 접했을 때 별다른 도구를 필요로 하지 않고 오롯이 두 손으로만 매듭을 엮는다는 것, 정해진 틀에 얽매이지 않고 마음 내키는 대로 자유롭게 만들 수 있다는 것에 가장 큰 매력을 느꼈으니까요. 마크라메는 실의 굵기나 소재, 만드는 사람에 따라 같은 패턴이나 디자인이라도 다르게 표현되거든요.

마크라메에는 정답이 없어서, 틀리거나 실수했다고 생각한 순간 그 작품은 오히려 세상에 하나밖에 없는 특별한 작품이 됩니다. 실수가 개성이 되고 새로운 아이디어로 연결되는 마크라메, 정말 매력적이지 않나요? 느낌이 가는 대로 가만히 매듭을 엮는 것만으로도 우리의 일상이 조금 더 특별하게 느껴질 거예요.

목차

베이직 플랜트 행거
81p

벽걸이 플랜트 행거
86p

더블 플랜트 행거
92p

바구니 행거
96p

유리볼 행거
102p

빈티지 행거
107p

Project 2

월행잉 ······ 113p

역삼각형 패턴 월행잉
114p

가랜드
119p

눈꽃 드림캐처
124p

더블링 드림캐처
130p

부엉이 벽장식
136p

레이어드 월행잉
144p

클래식 월행잉
151p

마크라메 백드롭
157p

Project 3

마크라메 소품 ······ 167p

네트 백
168p

바구니 커버
174p

테이블 매트
179p

샹들리에
185p

꼬임 조명등
191p

캔들 홀더
194p

냄비받침
198p

행잉 선반
202p

마크라메 거울
208p

마크라메 모빌
214p

PART 1

마크라메
시작하기

♡ 마크라메(Macrame)란

마크라메는 별다른 도구를 사용하지 않고 오롯이 손으로 로프나 끈을 엮어가며 다양한 디자인의 매듭과 패턴을 만드는 서양 매듭공예입니다. '매듭 레이스'를 뜻하는 아랍어 migramah에서 유래되었으며 플랜트 행거나 벽 장식, 커튼 등 실내 장식뿐 아니라 가방, 액세서리, 테이블 매트 등 생활 소품 전반에 걸쳐 폭넓게 활용되고 있습니다.

♡ 미리 알아두면 좋아요

Q. 줄 길이는 어떻게 정하나요?

완성하려는 작품의 크기와 매듭수, 줄의 굵기에 따라 길이가 달라집니다. 간단한 매듭의 짧은 패턴일 때는 약 1.5~2배 길게, 복잡한 문양이 들어갈수록 많게는 5~6배 정도 더 길게 줄을 재단합니다. 마크라메를 할 때는 줄을 반으로 접어서 사용하기 때문에 전체 줄은 항상 2배 더 길어야 한다는 점을 염두에 둡니다. 매 작업마다 자른 줄의 길이를 꼭 메모하고 다음 작품을 만들 때 참고하면 좋습니다.

Q. 로프는 어떤 것을 사용하면 좋을까요?

일반적으로 크기가 작은 작품에는 얇은 줄을 사용하고, 크기가 커질수록 굵은 줄을 선택합니다. 하지만 같은 디자인이라도 줄의 굵기나 로프 소재에 따라 완성된 후 작품의 느낌이 달라지기 때문에 선택에 제한을 두지 않고 다양하게 시도해보며 감각을 키우는 일이 중요합니다.

Q. 줄이 자꾸 꼬인다면?

줄이 길어서 매듭을 할 때 줄끼리 자꾸 꼬인다면 미리 한 매듭을 해놓거나 한 줄씩 감아 올려서 고무줄로 묶어 놓습니다. 바닥에 줄이 늘어져 있으면 밟혀서 때가 타거나 매듭을 할 때 시간이 더 오래 걸리기 때문에, 조금 번거롭더라도 초반에 묶는 작업을 해놓는 것이 훨씬 효율적입니다.

Q. 만들고 나서 관리는 어떻게 하나요?

평소에 먼지를 털어주는 정도로 관리하고 세탁은 올이 풀릴 수 있기 때문에 되도록 하지 않는 것이 좋습니다. 부득이하게 세탁을 해야 할 경우에는 찬물에 중성 세제를 풀고 하루 정도 두었다가 가볍게 손세탁하여 얼룩이 남지 않도록 그늘에서 말려줍니다.

♡ 책을 보는 방법

이 책에서는 마크라메에 사용하는 25가지 매듭법과 6가지 패턴, 그리고 실용적으로 활용할 수 있는 24개의 마크라메 작품을 소개하고 있습니다.

마크라메를 처음 접하는 입문자라면 프로젝트에 들어가기 전에 먼저 평 매듭이나 감아매기 등 기본 매듭을 엮어보며 손에 감을 익히는 일이 중요합니다. 초보자의 경우 마크라메를 할 때 어깨나 팔이 긴장된 상태로 장시간 매듭을 엮으면서 몸에 무리가 가는 경우도 있어요. 생각보다 집중력을 요구하는 작업이기 때문에 틈틈이 스트레칭과 함께 충분한 휴식의 시간을 갖는 것이 좋습니다.

1 재료와 도구

이 책에서는 마크라메를 할 때 가장 많이 쓰이는 재료와 도구를 상세히 설명하였습니다. 이외에도 일상에서 쓰이는 다양한 소재를 활용하여 자신만의 개성 넘치는 작품을 만들 수 있다는 사실을 기억해 두시기 바랍니다.

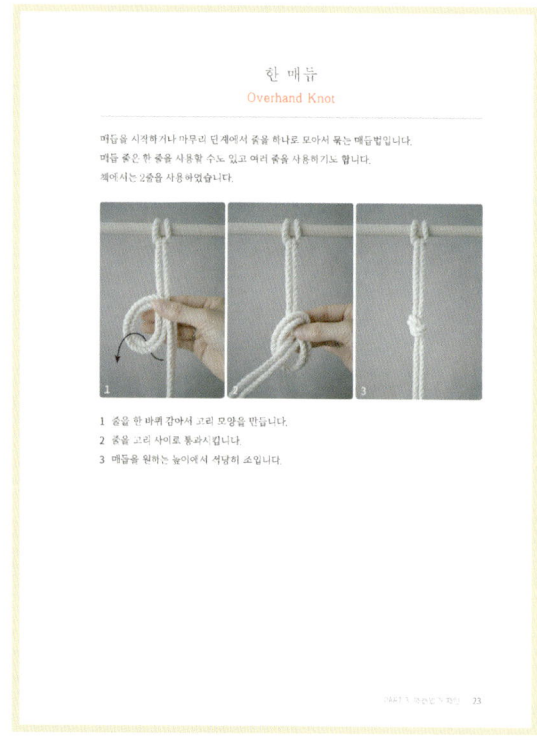

2 매듭과 패턴

각 매듭을 순서대로 따라 할 수 있도록 단계별 과정 사진과 설명을 실었습니다. 마크라메에서 가장 많이 쓰이는 종달새 머리 매듭, 평 매듭, 감아매기, 랩 매듭을 먼저 익힌 뒤, 프로젝트를 할 때마다 필요한 매듭을 하나씩 배워 나가는 것도 좋은 방법입니다.

3 프로젝트

프로젝트는 크게 플랜트 행거, 월행잉, 마크라메 소품으로 분류하였습니다. 각 작품마다 사용하는 매듭법과 필요한 재료를 소개하였고 만드는 과정을 사진과 함께 순서대로 설명하였습니다. 사용된 줄의 길이는 cm로 측정하였으며, 같은 디자인이라도 만드는 사람에 따라 줄의 사용량이 다르기 때문에 처음부터 여유 있게 재단하여 사용하는 것을 추천합니다. 프로젝트마다 사용하는 매듭이 다르므로 기본 매듭으로 간단히 완성할 수 있는 작품을 먼저 만든 뒤, 단계별로 난이도를 높여가는 것을 추천합니다.

PART 2

재료와
도구

◇ 로프

마크라메를 만들기 위해 가장 기본이 되는 재료입니다.

로프는 소재와 굵기가 다양하기 때문에 내가 만들고자 하는 작품의 디자인과 사이즈를 생각하여 그에 맞는 로프를 선택하는 일이 중요합니다.

이 책에서는 마크라메에서 가장 많이 사용하고 쉽게 구입할 수 있는 100% 면사를 주로 사용하였으며, 면사 외에도 황마사나 극세사, 패브릭 얀, 폴리에스터 등 다양한 소재로 마크라메 작업이 가능합니다.

면사의 굵기는 실의 꼬임 수에 따라 합수가 커지며, 일반적으로 많이 사용하는 굵기는 90합(4mm), 120합(4.5mm)과 150합(5mm)입니다.

판매처에 따라 같은 합수라도 mm를 측정하는 기준이 다르기 때문에 구입 시에 미리 확인해주세요. 온라인 쇼핑몰이나 동대문 종합시장, 기타 섬유 시장에서 구입할 수 있습니다.

참고로 책에 있는 프로젝트를 만들 때 사용된 로프보다 더 굵은 로프를 사용할 경우, 책에 적힌 줄의 길이보다 더 길게 재단하여야 원하는 크기의 작품을 완성할 수 있습니다.

◇ 비즈

비즈는 소재와 색깔, 모양이 다양하며 마크라메 작품에 어떻게 매치하느냐에 따라 독특하고 멋스러운 분위기를 연출할 수 있습니다.

◇ 줄자 & 가위 & S자 고리

길이를 측정할 때 사용하는 줄자와 재단용 가위, 로프를 걸어두는 S자 고리는 마크라메를 할 때 반드시 필요한 도구로, 로프와 함께 기본 재료에 속합니다.

◇ 목봉 혹은 드리프트 우드(유목)

마크라메 벽 장식을 만들 때 주로 사용합니다.

목봉은 반듯하고 곧게 다듬어진 나무막대의 형태로 전체적으로 깔끔한 느낌을 주며, 적당한 가격으로 온라인에서 구입이 가능합니다.

드리프트 우드(유목)는 바다나 강에서 오랜 시간 표류하며 나무 표면이 깎이고 바람에 마르는 과정을 반복하여 가볍고 단단하다는 특징을 지니고 있습니다. 빈티지한 색감과 자연스러운 형태로 멋스러운 매력을 가지고 있습니다.

◇ 우드링 & 금속링

플랜트 행거의 고리 역할이나 드림캐처, 모빌 등을 만들 때 주로 사용합니다.

나무 소재는 부드러운 느낌을, 금속 소재는 고급스럽고 앤티크한 느낌을 연출할 수 있습니다.

PART 3

매듭법과
패턴

매듭법

이 책에서는 마크라메의 기초이자 가장 많이 사용하는 기본 매듭부터 난이도가 있는 장식 매듭을 순차적으로 소개하였습니다. 책에 나온 매듭법이 손에 익을 때까지 천천히 반복해서 따라 해 보세요.

* 매듭법을 설명할 때 고정이 되는 줄을 기둥줄로, 그 기둥줄을 엮는 줄을 엮음줄로 표기하였습니다.

한 매듭
Overhand Knot

매듭을 시작하거나 마무리 단계에서 줄을 하나로 모아서 묶는 매듭법입니다.

매듭 줄은 한 줄을 사용할 수도 있고 여러 줄을 사용하기도 합니다.

책에서는 2줄을 사용하였습니다.

1 줄을 한 바퀴 감아서 고리 모양을 만듭니다.

2 줄을 고리 사이로 통과시킵니다.

3 매듭을 원하는 높이에서 적당히 조입니다.

종달새머리 매듭
Larks Head Knot

매듭의 형태가 종달새의 머리 모양을 닮았다고 해서 이름 붙여진 매듭입니다.
줄을 목봉이나 링에 고정할 때 가장 많이 사용하는 기본 매듭입니다.

1 줄을 반으로 접은 뒤 고리 부분을 목봉 앞에서 뒤로
  넘깁니다.

2 앞에 있는 줄을 고리 사이로 통과시킵니다.

3 줄을 아래로 당겨 매듭을 조입니다.

4 종달새머리 매듭을 완성한 모습입니다.

뒷면 종달새머리 매듭
Reverse Larks Head Knot

종달새머리 매듭을 할 때 고리를 목봉의 뒤에서 앞으로 걸어서 매듭을 만들면 뒷면 종달새머리 매듭이 됩니다.

1 줄을 반으로 접은 뒤 고리 부분을 목봉 뒤에서 앞으로 넘깁니다.

2 뒤에 있는 줄을 고리 사이로 통과시킵니다.

3 줄을 아래로 당겨 매듭을 조입니다.

4 뒷면 종달새머리 매듭을 완성한 모습입니다.

수직 종달새머리 매듭
Vertical Larks Head Knot

종달새머리 매듭을 기둥줄에 수직으로 만든 매듭입니다.

여기에서는 엮음줄을 기둥줄의 오른쪽에 두고 매듭을 시작하였습니다.

같은 방법으로 엮음줄을 왼쪽에 두고 매듭을 할 수 있습니다.

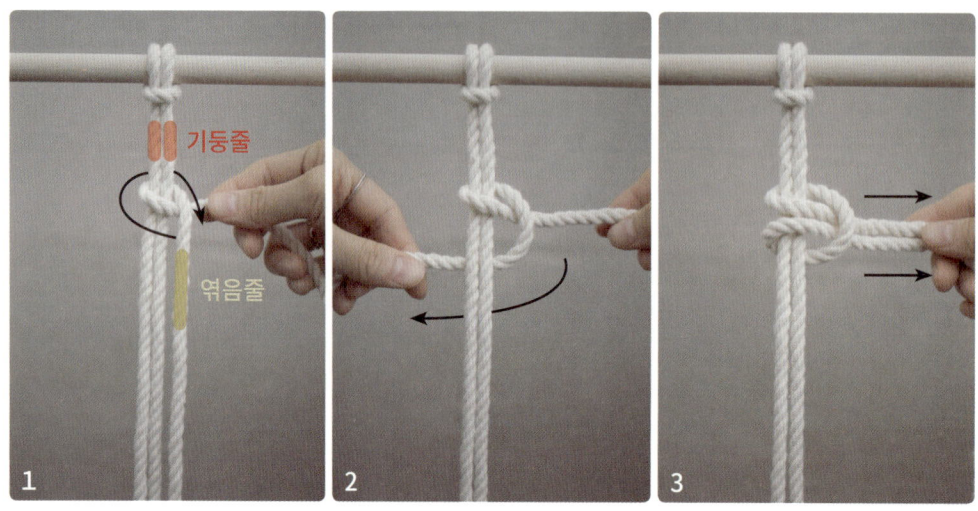

1 엮음줄을 기둥줄 앞에 놓고 뒤로 감아서 다시 앞으로 가져옵니다.

2 엮음줄을 기둥줄 뒤로 보냅니다.

3 엮음줄을 고리 사이로 통과시키고 매듭을 조입니다.

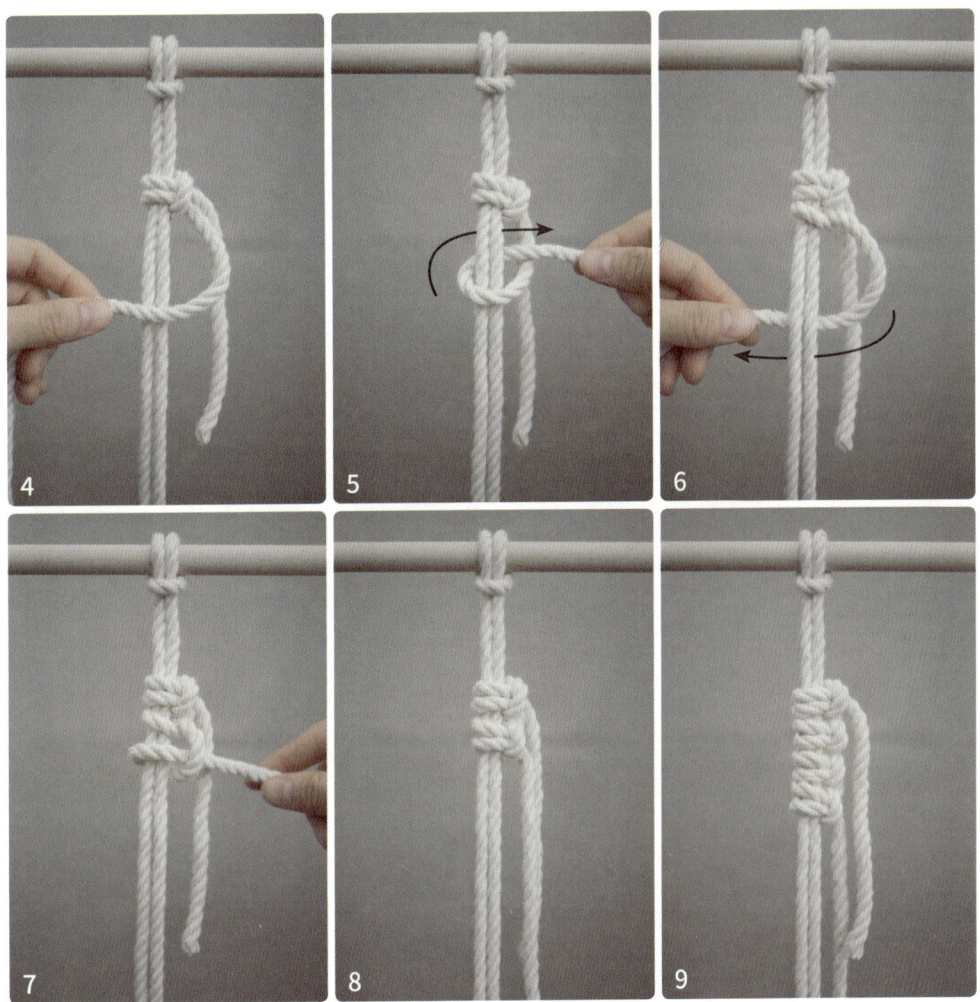

4 다시 엮음줄을 기둥줄 앞으로 보냅니다.

5 기둥줄 뒤로 감아서 기둥줄이 고리 사이로 들어가도록 만든 뒤, 줄을 오른쪽으로 당겨줍니다.

6 다시 엮음줄을 기둥줄 뒤로 보냅니다.

7 엮음줄을 고리 사이로 통과시키고 매듭을 조입니다.

8 수직 종달새머리 매듭을 2개 완성하였습니다.

9 4번부터 7번까지의 과정을 반복하여 원하는 만큼 매듭을 만듭니다.

교차 종달새머리 매듭
Alternating Larks Head Knot

2개의 엮음줄을 기둥줄의 왼쪽과 오른쪽에 각각 수직 종달새머리 매듭으로 엮어 만든 매듭입니다.

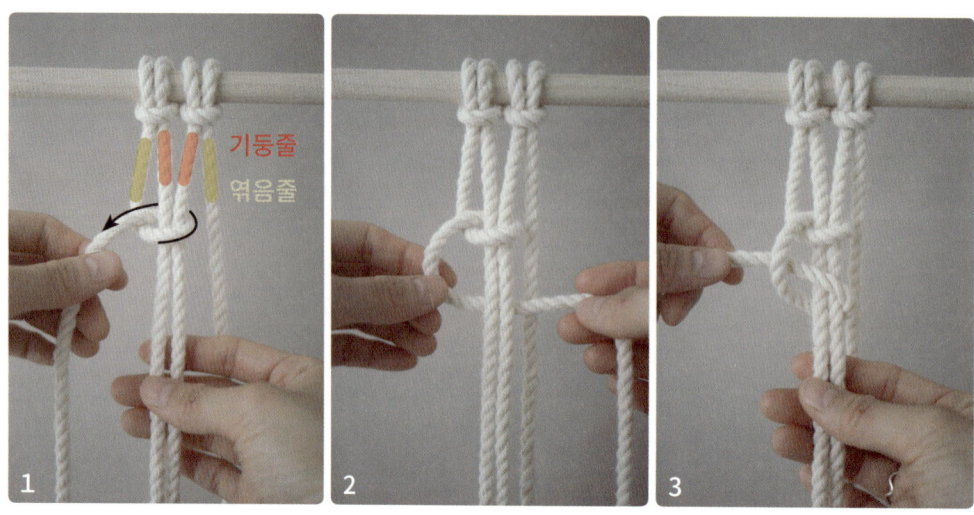

1 왼쪽 엮음줄을 기둥줄 앞에서 뒤로 감았다가 다시 엮음줄 앞으로 가져옵니다.

2 엮음줄을 기둥줄 뒤로 보냅니다.

3 다시 앞으로 가져와서 고리 사이로 통과시킵니다.

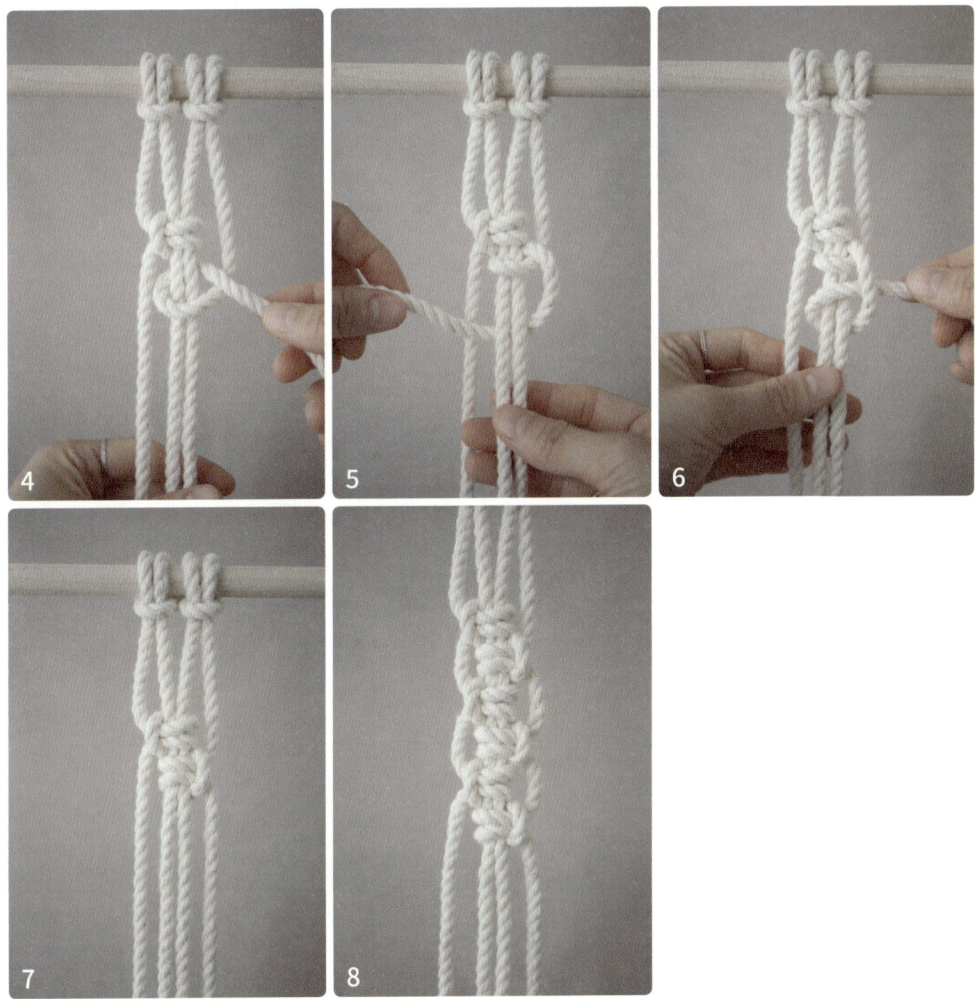

4 수직 종달새머리 매듭이 하나 만들어졌으면 이번엔 오른쪽 엮음줄을 기둥줄 앞에서
   뒤로 감습니다.

5 엮음줄을 기둥줄 뒤로 보냅니다.

6 다시 앞으로 가져와서 고리 사이로 통과시킵니다.

7 교차 종달새머리 매듭을 하나씩 완성하였습니다.

8 1번부터 6번까지의 과정을 반복해서 원하는 만큼 매듭을 만듭니다.

평 매듭
Square Knot

마크라메를 할 때 가장 많이 쓰이는 매듭으로 평 매듭 또는 스퀘어 매듭으로 불립니다.

기본 4줄을 사용하며, 가운데 2줄은 기둥줄로, 바깥쪽 2줄은 엮음줄로 사용합니다.

왼쪽 줄부터 순서대로 ①, ②, ③, ④번으로 숫자를 붙여 설명하였습니다.

매듭 순서를 4번부터 반대로 시작할 수도 있습니다.

1 ①번 줄을 숫자 4 모양으로 만들어 ②, ③번 기둥줄 앞, 그리고 ④번 엮음줄 뒤에 놓습니다.

2 ④번 줄을 기둥줄 뒤로 보내서 ①번 줄과 ②번 줄 사이로 빼냅니다.

3 ①번 줄과 ④번 줄을 수평으로 맞춘 뒤 양쪽으로 당깁니다. 이때 기둥줄이 말려 올라가지 않도록 잡아줍니다.

4 ④번 줄을 숫자 4를 반전시킨 모양으로 만들고 ②, ③번 기둥줄 앞 그리고 ①번 줄 뒤에
   놓습니다.

5 ①번 줄을 기둥줄 뒤로 보내서 기둥줄과 ④번 줄 사이로 빼냅니다.

6 엮음줄을 양쪽으로 조여서 평 매듭을 완성합니다.

평 매 듭 세 닛
Square Knot Sennit

동일한 기둥줄과 엮음줄로 평 매듭을 간격 없이 반복하여 밧줄 모양으로 완성시키는 매듭입니다. 매듭 수가 늘어날수록 엮음줄의 길이가 짧아지기 때문에 엮음줄을 기둥줄보다 4~5배 길게 재단해야 합니다.

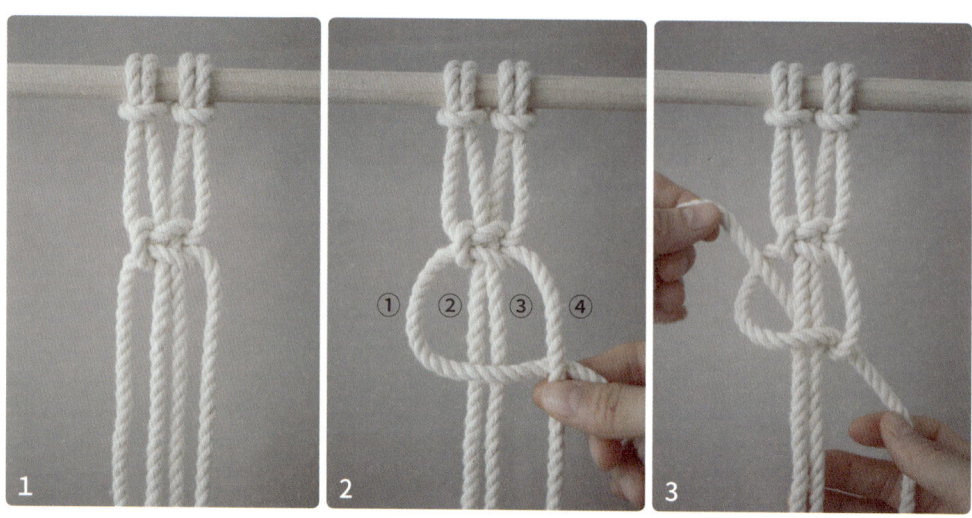

1 평 매듭을 만듭니다.

2 평 매듭을 만들 때와 동일하게 ①번 줄을 숫자 4모양으로 만들어 ②, ③번 기둥줄 앞 그리고 ④번 줄 뒤에 오게 놓습니다.

3 ④번 줄을 기둥줄 뒤로 보낸 뒤 ①번과 기둥줄 사이로 빼냅니다. 첫 번째 평 매듭 바로 밑까지 엮음줄을 올려서 조입니다.

4 ④번 줄을 숫자 4를 반전시킨 모양으로 만들어 ②, ③번 기둥줄 앞, 그리고 ①번 줄 뒤에 놓습니다.

5 ①번 줄을 기둥줄 뒤로 보내고 기둥줄과 ④번 줄 사이로 빼낸 뒤 조입니다.

6 평 매듭 2개를 완성한 모습입니다.

7 위의 과정을 반복하여 원하는 만큼 매듭을 만듭니다.

교차 평 매듭
Alternating Square Knot

2개의 평 매듭에서 각 2줄씩 교차하여 그물 모양의 평 매듭을 만드는 매듭입니다.
교차 시 안쪽에 있던 기둥줄이 엮음줄 역할을 하고 기존의 엮음줄이 기둥줄 역할을 합니다.

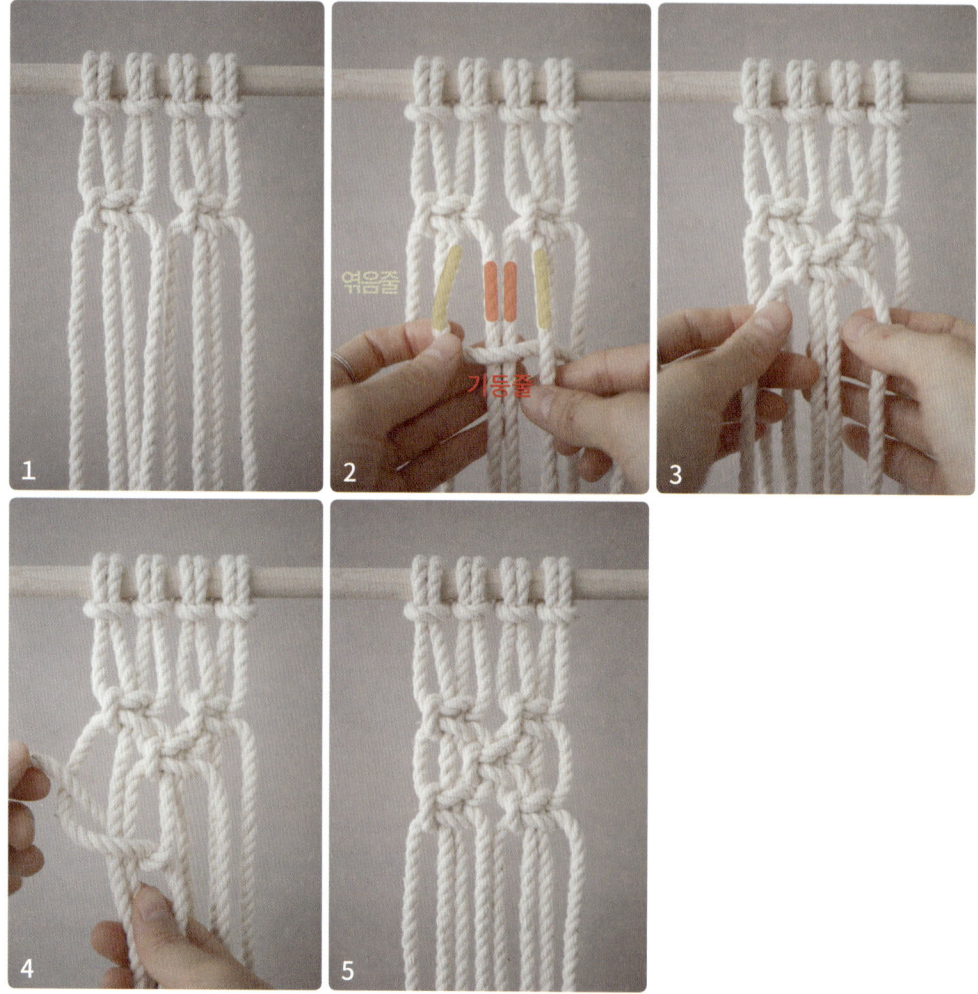

1 평 매듭을 나란히 2개 만듭니다,

2 양쪽 평 매듭에서 안쪽에 있는 각 2줄을 가져와서 기둥줄과 엮음줄로 사용합니다.

3 기존의 기둥줄을 엮음줄로, 엮음줄은 기둥줄로 바꿔 잡고 평 매듭을 1개 만듭니다.

4 다시 평 매듭에서 2줄을 교차하여 바깥쪽 2줄과 평 매듭을 만듭니다.

5 촘촘한 그물 모양의 교차 평 매듭이 만들어졌습니다.

피코 평 매듭
Picot Square Knot

평 매듭 사이에 둥근 곡선 무늬의 피코 고리를 만드는 장식 매듭입니다.
평 매듭 사이의 간격을 얼마나 주느냐에 따라 피코 고리의 크기가 달라집니다.

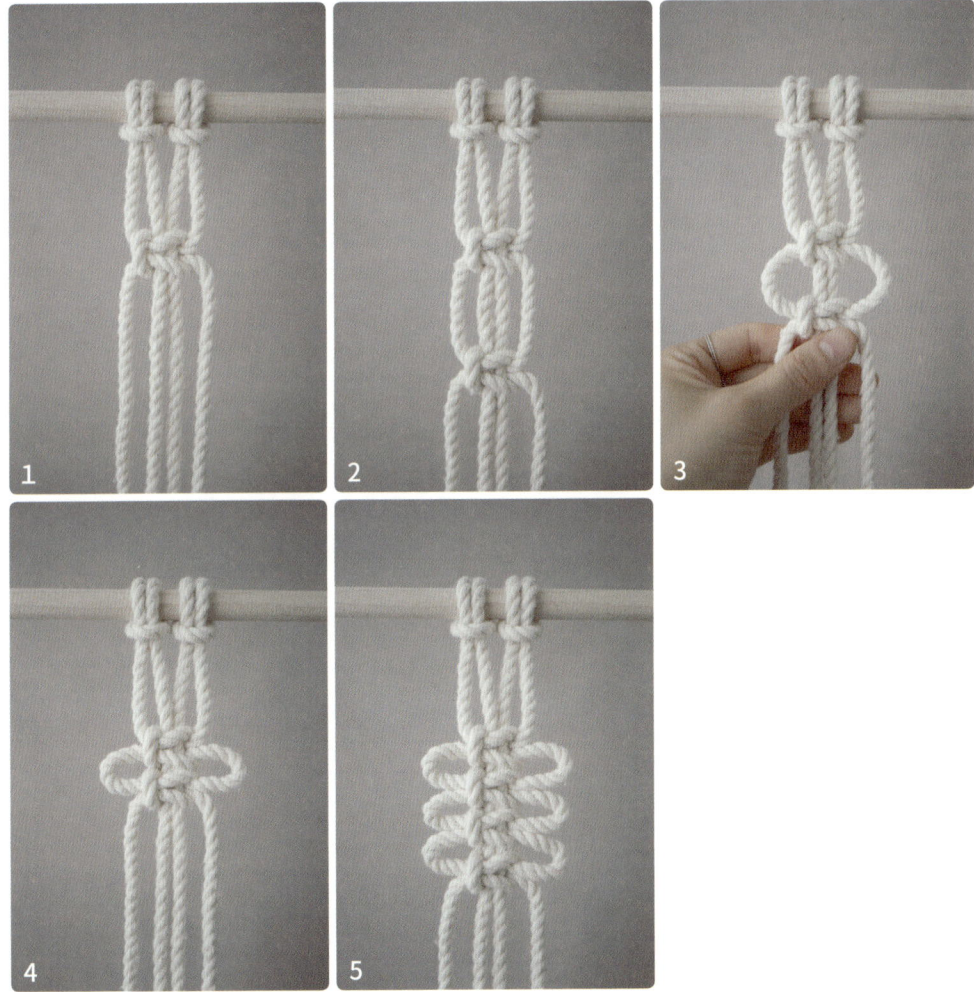

1 평 매듭을 하나 만듭니다.

2 간격을 두고 평 매듭을 하나 더 만듭니다.

3 기둥줄을 잡고 두 번째 평 매듭을 위로 밀어 올립니다.

4 피코 고리가 하나 완성되었습니다.

5 일정한 간격으로 원하는 만큼 피코 평 매듭을 만듭니다.

스위치 평 매듭
Switch Knot

평 매듭을 할 때 엮음줄과 기둥줄의 위치를 바꿔가며 만드는 매듭입니다.

엮음줄
기둥줄

1 평 매듭을 만듭니다.

2 엮음줄을 가운데로 모아 기둥줄 위치에 놓고 기둥줄이 엮음줄 위치에 가도록 줄을
   교차합니다.

3~7 위의 평 매듭과 간격을 두고, 기둥줄과 엮음줄의 역할을 바꿔 평 매듭을 합니다.

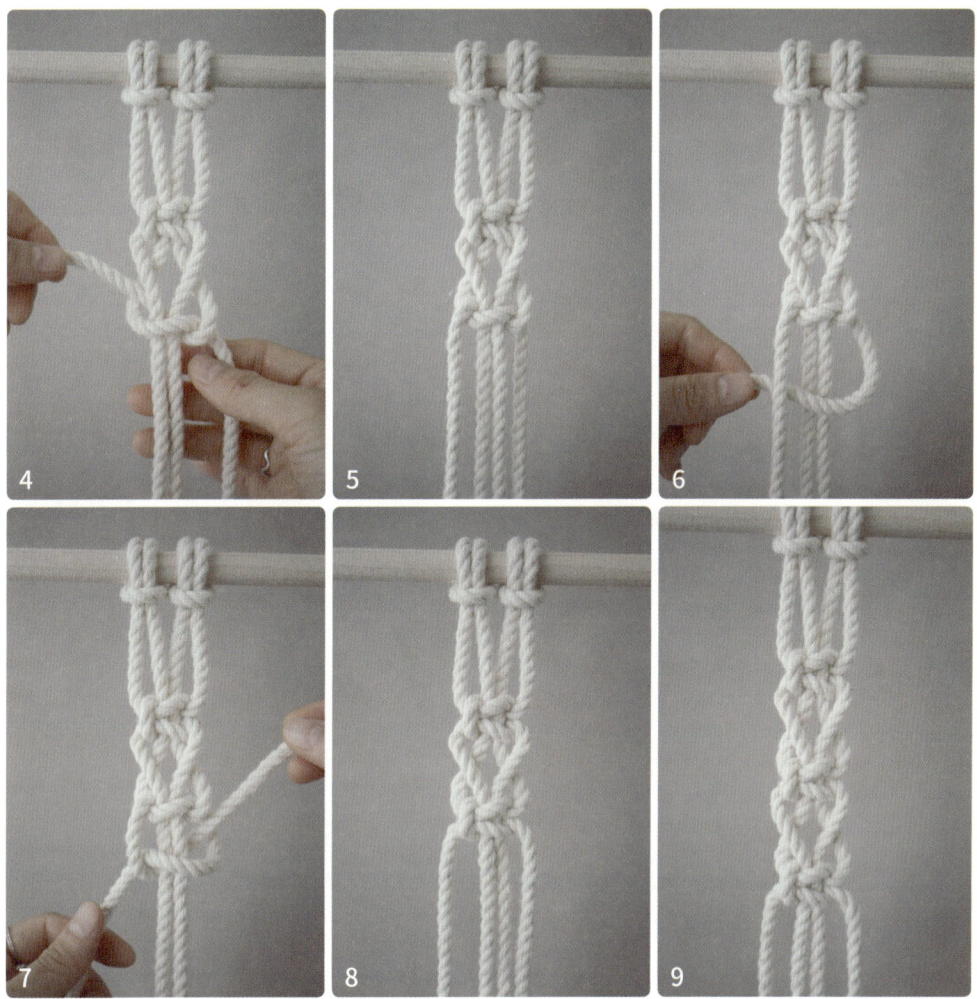

3~7 위의 평 매듭과 간격을 두고, 기둥줄과 엮음줄의 역할을 바꿔 평 매듭을 합니다.

8 스위치 평 매듭을 완성한 모습입니다.

9 일정한 간격으로 줄의 위치를 바꿔가며 스위치 평 매듭을 만듭니다.

평돌기 매듭
Half Square Knot

평 매듭을 반만 한 상태에서 한 방향으로 반 매듭을 반복하는 매듭입니다.

마크라메에서 많이 사용하는 기본 매듭 중 하나로, 나선형 매듭으로도 불립니다.

가운데 2줄은 기둥줄이 되고 바깥쪽 2줄은 엮음줄로 사용합니다.

평 매듭의 시작 방향은 어느 쪽이든 상관없습니다.

1~2 평 매듭을 반 매듭만 한 상태로 만듭니다.

3~4 다시 엮음줄을 잡고 같은 방향으로 매듭을 합니다.

5 일정한 힘을 주어 매듭을 조이면 매듭이 자연스럽게 회전합니다.

6 평돌기 매듭을 6번 하면 줄이 한 바퀴 돌아서 제자리로 돌아옵니다.

7 같은 방향으로 매듭을 계속 반복하면 회전하면서 나선형 모양이 만들어집니다.

교차 평돌기 매듭
Alternating Half Knot Spiral

두 개의 평돌기 매듭에서 각 두 줄씩 교차하며 엮는 매듭입니다.
교차 시에 안쪽에 있던 기둥줄이 엮음줄 역할을 하고 엮음줄이 기둥줄 역할을 하게 됩니다.

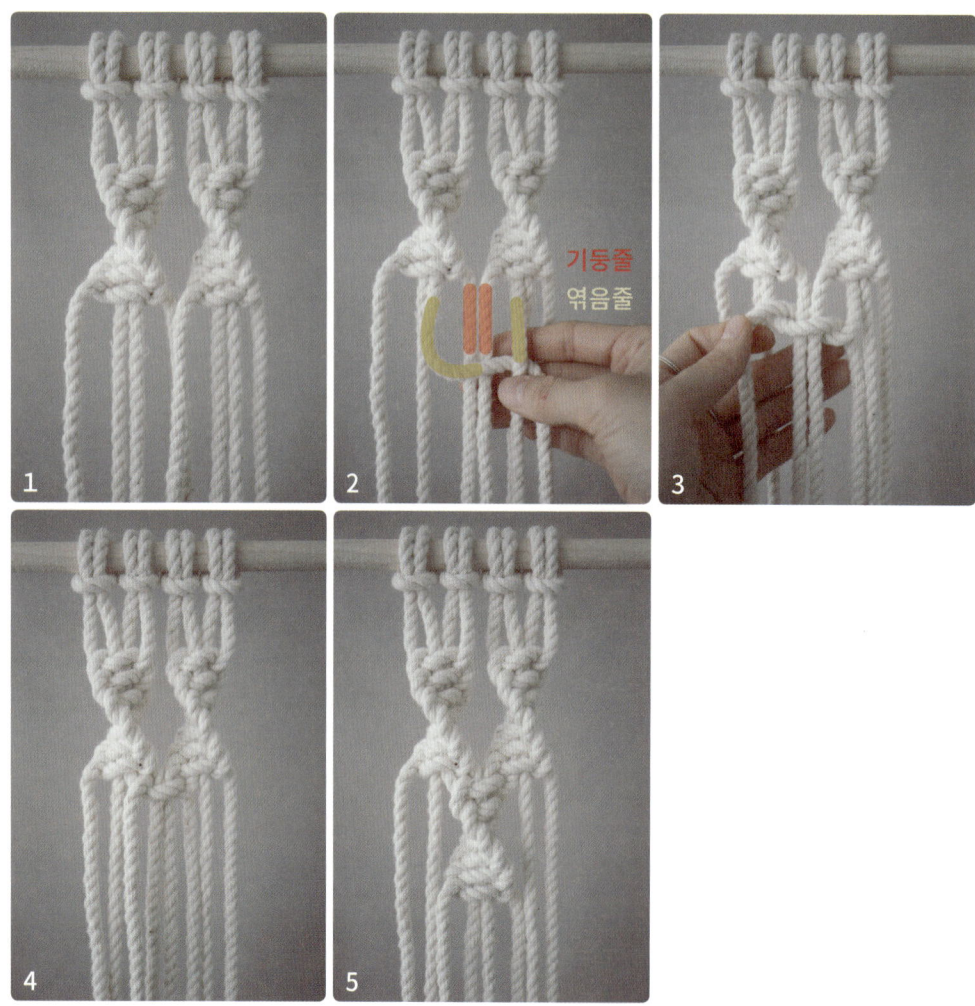

1 2개의 평돌기 매듭을 각각 6~7번 하여 엮음줄이 한 바퀴 돌아 다시 정면에 위치하도록
만듭니다.

2 양쪽 평돌기 매듭에서 각각 안쪽에 있는 2줄을 가져와서 기둥줄과 엮음줄로 사용합니다.

3~4 가운데 2줄을 기둥줄, 바깥쪽 2줄을 엮음줄로 하여 평돌기 매듭을 합니다.

5 2번부터 4번까지의 과정을 5~6회 반복합니다.

감아매기 매듭

감아매기 매듭은 엮음줄로 기둥줄을 2번씩 감아서 만드는 매듭입니다.
수평, 수직, 사선을 포함하여 다양한 라인의 디자인을 만들 수 있기 때문에 평 매듭, 평돌기 매듭과 함께 가장 많이 사용하는 매듭입니다.

사선 감아매기
Diagonal Clove Hitch

기둥줄을 사선으로 잡고 엮음줄로 감아매는 매듭입니다.

1 오른손으로 기둥줄을 잡고 엮음줄 위에 사선이 되도록 배치합니다.

2 엮음줄을 기둥줄의 뒤에서 앞으로 감고 기둥줄의 반대 방향으로 당깁니다.

3 느슨하지 않을 정도로 줄을 조입니다.

4~5 동일한 엮음줄로 기둥줄을 한 번 더 감아서 줄을 조입니다.

6 나머지 엮음줄도 같은 방법으로 기둥줄을 감아주며 마지막 줄까지 사선으로 내려오도록
   합니다.

7 기둥줄을 왼쪽 방향의 사선으로 내려가도록 합니다. 이때, 왼손으로 기둥줄을 잡고 엮음줄
   위에 배치합니다.

8~9 엮음줄을 기둥줄의 뒤에서 앞으로 감고 기둥줄의 반대 방향으로 당기고 느슨하지 않을
   정도로 줄을 조입니다.

10 나머지 엮음줄도 같은 방법으로 기둥줄에 감아매기 하여 사선으로 내려오도록 합니다.

수평 감아매기
Horizontal Clove Hitch

1개의 기둥줄에 여러 엮음줄로 수평이 되도록 감아매는 매듭입니다.

1 오른손으로 기둥줄을 잡고 엮음줄 앞에 일직선이 되도록 놓습니다.

   tip) 기둥줄은 항상 엮음줄 앞에 위치합니다.

2 엮음줄을 기둥줄의 뒤에서 앞으로 감고 두 줄 사이의 고리로 빼냅니다.

3 느슨하지 않을 정도로 줄을 조입니다.

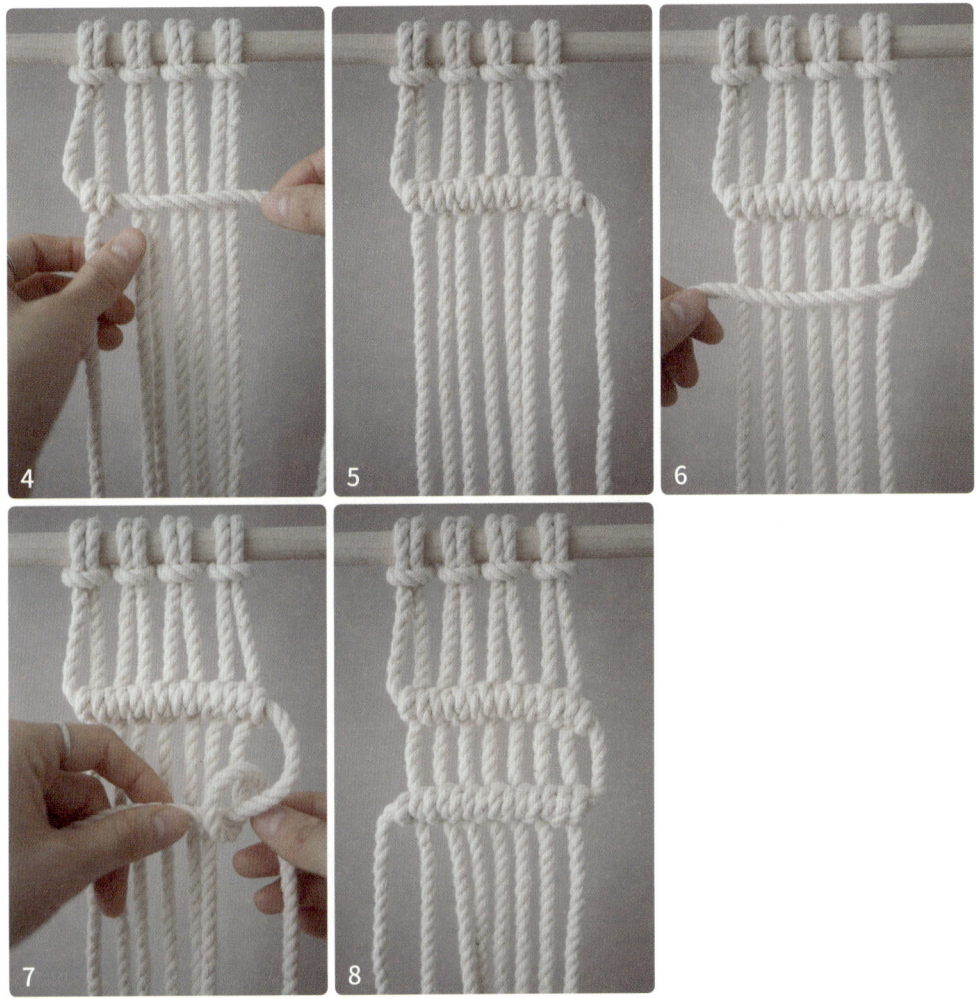

4 동일한 엮음줄로 기둥줄을 한 번 더 감아서 두 줄 사이의 고리로 빼냅니다.

5 같은 방법으로 나머지 엮음줄도 수평을 맞춰 감아줍니다.

6 이번에는 기둥줄을 왼손으로 잡고 엮음줄 앞에 일직선이 되도록 놓습니다.

7 엮음줄을 기둥줄의 뒤에서 앞으로 감고 두 줄 사이의 고리로 빼냅니다.

8 같은 방법으로 나머지 엮음줄도 수평을 맞춰 감아줍니다.

수직 감아매기
Vertical Clove Hitch

1개의 엮음줄을 사용하여 여러 기둥줄을 수직으로 감아매는 매듭입니다.

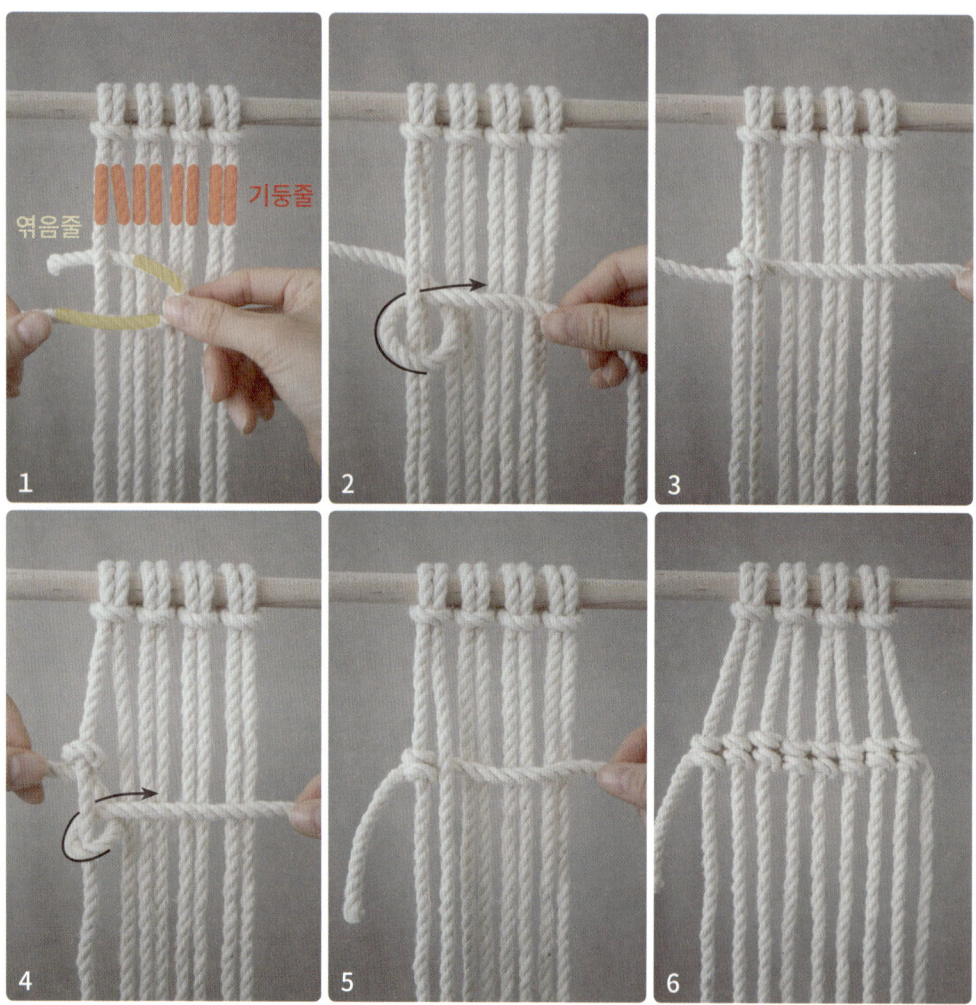

1 엮음줄을 기둥줄의 뒤에서 앞으로 감아줍니다.

2 다시 엮음줄을 기둥줄 뒤로 보내서 기둥줄을 한 바퀴 감아줍니다.

3 매듭을 조입니다.

4 엮음줄을 앞에서 뒤로 보내서 고리 사이로 통과시킵니다.

5 매듭을 조여 주고 다시 엮음줄을 기둥줄 뒤로 보냅니다.

6 **2**번부터 **4**번까지의 과정을 반복하여 마지막 기둥줄까지 감아매기 합니다.

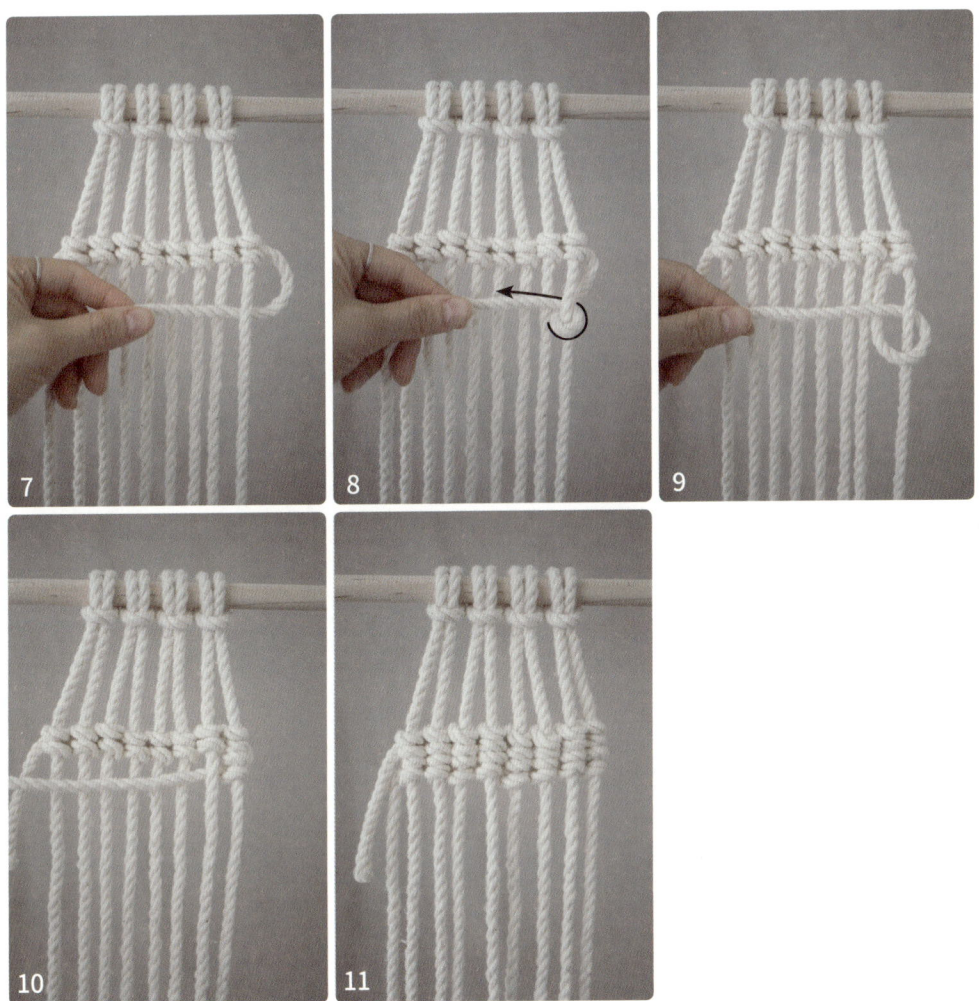

7 방향을 바꿔 엮음줄을 왼손으로 잡고 기둥줄 뒤로 보냅니다.

8 엮음줄을 기둥줄 앞에서 뒤로 감고 고리 사이로 통과시킵니다.

9 같은 엮음줄로 한 번 더 반복합니다.

10 다시 엮음줄을 기둥줄 뒤로 보냅니다.

　　tip) 수직 감아매기를 할 때는 엮음줄을 항상 기둥줄 뒤에 놓고 시작합니다.

11 같은 방법으로 마지막 기둥줄까지 감아매기 합니다.

반나선 감아매기
Half Hitch Spiral

반나선 감아매기 매듭은 엮음줄로 기둥줄을 한 방향으로 감아매기 하여 만듭니다.
매듭을 엮을수록 평돌기 매듭처럼 나선형으로 회전합니다.
여기에서는 오른쪽 방향으로 감아매기 하였습니다.

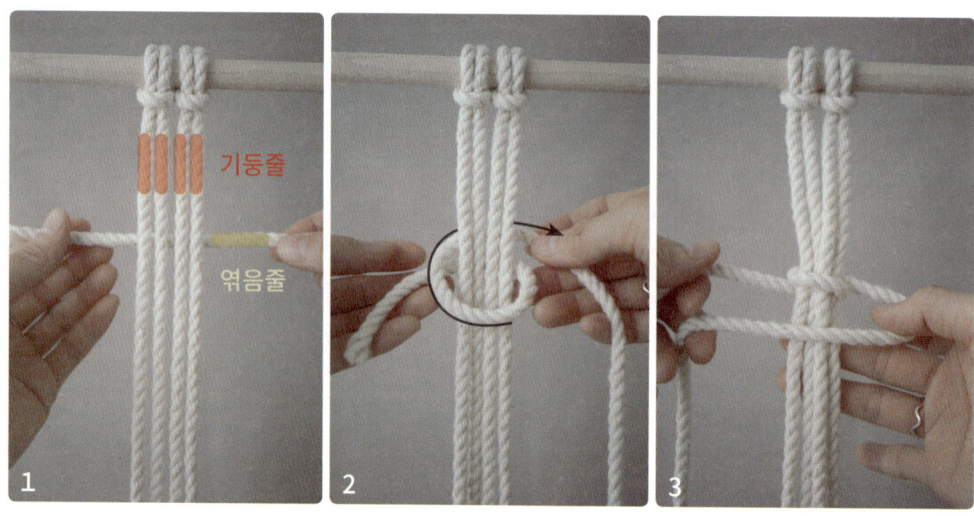

1 엮음줄을 기둥줄 뒤에 놓습니다.

2 앞으로 감을 엮음줄의 방향을 고려하여 줄을 길게 잡고, 기둥줄 앞에서 뒤로 감아줍니다.

3 다시 엮음줄을 기둥줄 앞으로 보냅니다. 엮음줄을 통과시킬 공간을 여유 있게 남겨놓습니다.

4 엮음줄을 뒤로 감아서 고리 사이로 통과시킵니다.

5 다시 엮음줄을 기둥줄 앞으로 보냅니다.

6 엮음줄을 뒤로 감아서 고리 사이로 통과시킵니다.

7 매듭을 반복할수록 나선형으로 회전하게 됩니다.

좌우 반감아매기
Alternating Half Hitch

엮음줄과 기둥줄의 역할을 바꿔가며 감아매기 반 매듭을 하는 매듭입니다.
기본 2줄을 사용합니다.

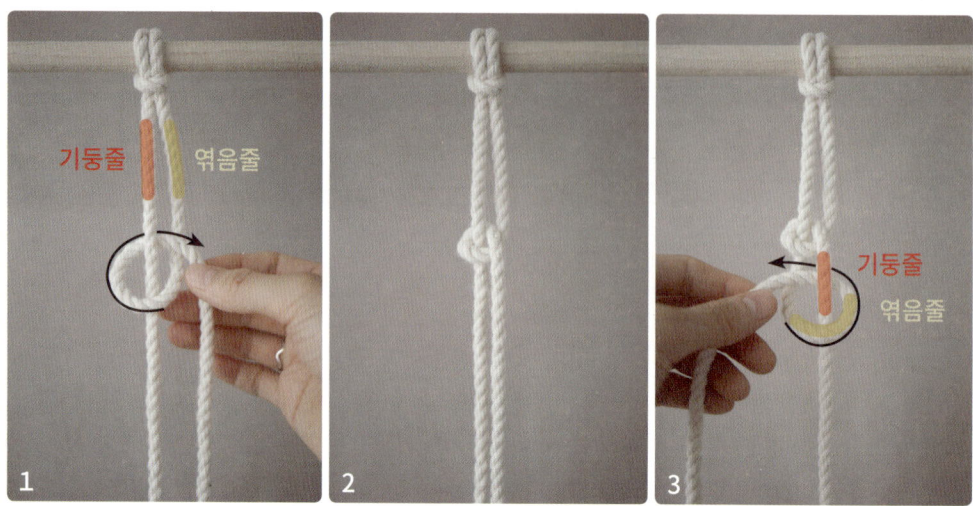

1 엮음줄을 기둥줄 앞에서 뒤로 감고 엮음줄 위로 통과시킵니다.

2 엮음줄을 조여줍니다.

3 기존의 기둥줄은 엮음줄로, 엮음줄은 기둥줄로 사용합니다. 엮음줄을 기둥줄의 앞에서 뒤로
   감아서 엮음줄 위로 통과시킵니다.

4 엮음줄을 조여줍니다.

5~6 엮음줄과 기둥줄을 교차해가며 **1**번부터 **4**번까지의
   과정을 반복합니다.

7 좌우 반감아매기를 3번 반복한 모습입니다.

랩 매듭
Wrap Knot

기본적으로 여러 줄을 하나로 묶을 때 가장 많이 쓰이는 매듭입니다.

1 엮음줄을 고리 모양으로 만듭니다. 감을 방향의 줄을 길게 잡습니다.

   tip) 완성된 랩 매듭의 길이를 염두에 두어 고리를 길게 만들어 줍니다.

2 엮음줄 고리의 끝을 남겨두고 엮음줄로 기둥줄을 감아줍니다.

3 엮음줄이 서로 겹치지 않도록 매듭을 감으며 내려옵니다.

4 원하는 만큼 줄을 감았으면 고리에 엮음줄을 통과시킵니다.

5 매듭 위에 남겨둔 엮음줄을 사진과 같이 위로 당깁니다. 고리가 매듭 안에 완전히 들어가면
  다시 위아래의 엮음줄을 같이 당겨서 매듭을 조입니다.

6 엮음줄을 잘라서 랩 매듭을 완성합니다.

통 매듭
Barrel Knot

코일 매듭이라고도 부르며, 매듭이 풀리는 것을 방지하거나 장식의 느낌을 살려 포인트를 주고 싶을 때 사용하는 매듭입니다.

1 줄을 한 바퀴 감아서 고리를 만듭니다.

2 앞에 있던 줄을 뒤로 보내서 고리 사이로 통과시킵니다.

3 2번 과정을 3~4회 반복합니다.

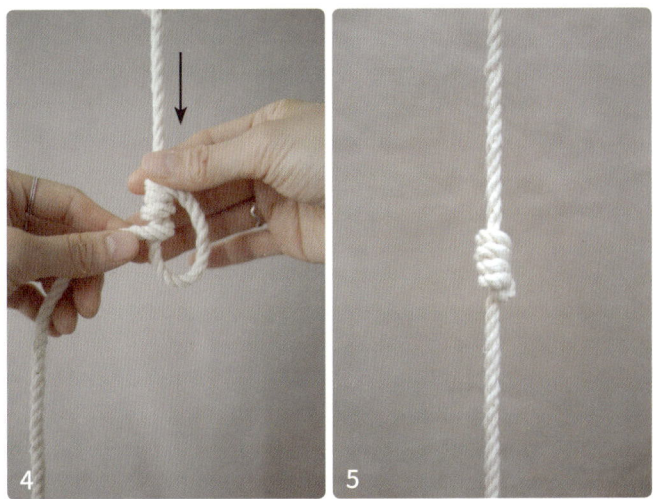

4 왼손으로 줄을 잡고 오른손으로 매듭을 천천히 밀어 내립니다.

5 처음 고리를 만든 위치에서 조금 아래에 매듭이 만들어집니다.

조세핀 매듭
Josephine Knot

조세핀 매듭은 두 줄을 교차하여 문양을 만드는 장식 매듭입니다.
여기서는 왼쪽과 오른쪽, 각각 2줄씩 총 4줄로 매듭을 만들었습니다.

1 왼쪽 줄을 오른쪽 줄 앞에 두고 고리를 만듭니다.

2 오른손으로 왼쪽 줄과 고리 사이로 오른쪽 줄이 보이도록 잡습니다. 그리고 오른쪽 줄을 왼쪽 줄 앞으로 가져옵니다.

3 오른쪽 줄을 다시 왼쪽 줄의 뒤로 보냅니다.

4 오른쪽 줄이 왼쪽 줄 앞으로 갔다가 오른쪽 줄 뒤로 가고, 다시 왼쪽 줄 앞으로 오도록
　고리 사이를 통과시킵니다.
5 매듭을 조이면 완성입니다.

버블 매듭
Bubble Knot

기둥줄로 평 매듭 세닛을 동그랗게 감싸서 공처럼 모양을 만들어주는 장식 매듭입니다

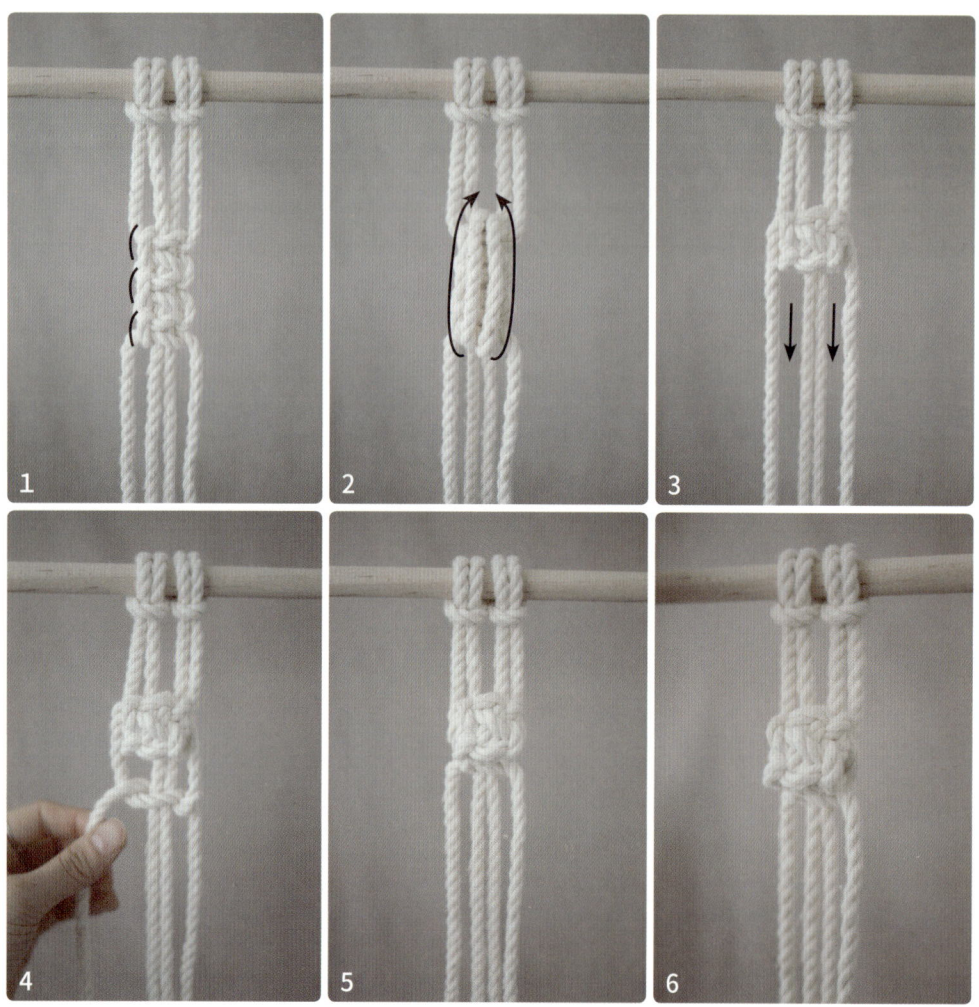

1 평 매듭을 3개 만듭니다.

2 기둥줄을 첫 번째 평 매듭 위의 기둥줄 사이로 통과시킵니다.

3 기둥줄을 아래로 당겨서 공 모양을 만듭니다.

4 뒤로 보낸 기둥줄을 잡고 평 매듭을 만들어서 고정시킵니다.

5 버블 매듭의 정면 모습입니다.

6 옆에서 보면 좀 더 입체감 있는 버블 매듭의 모습을 확인할 수 있습니다.

십자 매듭
Cross Knot

십자 매듭은 2줄을 사용하여 그물을 엮거나 단순한 무늬를 낼 때 사용하는 매듭입니다.
왼쪽 줄을 A, 오른쪽 줄을 B로 지칭합니다.

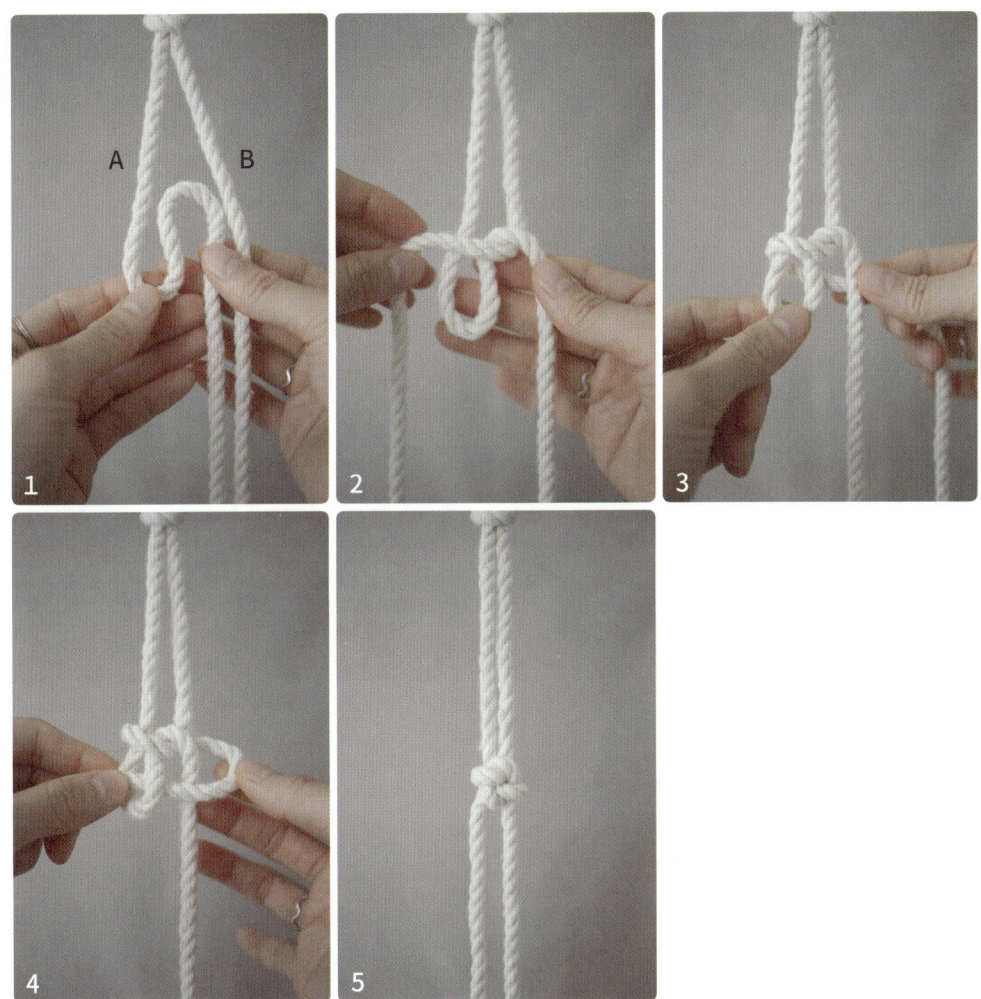

1 A줄을 U자형 고리처럼 만들었다가 다시 거꾸로 된 U 모양으로 잡아줍니다.

2 B줄을 거꾸로 된 U 모양의 뒤에서 앞으로 가져와 왼쪽에 놓습니다.

3 B줄을 A줄의 왼쪽 뒤로 감아서 오른쪽으로 가져옵니다.

4 B줄을 A줄의 앞으로 가져와서 A줄의 고리 사이로 빼냅니다.

5 일정하게 힘을 주어 십자 모양으로 조여 줍니다.

왕관 매듭
Crown Knot

왕관 매듭 혹은 크라운 매듭이라고 불리며 기본적으로 4줄을 바람개비 형태로 겹쳐 엮는 매듭법입니다.

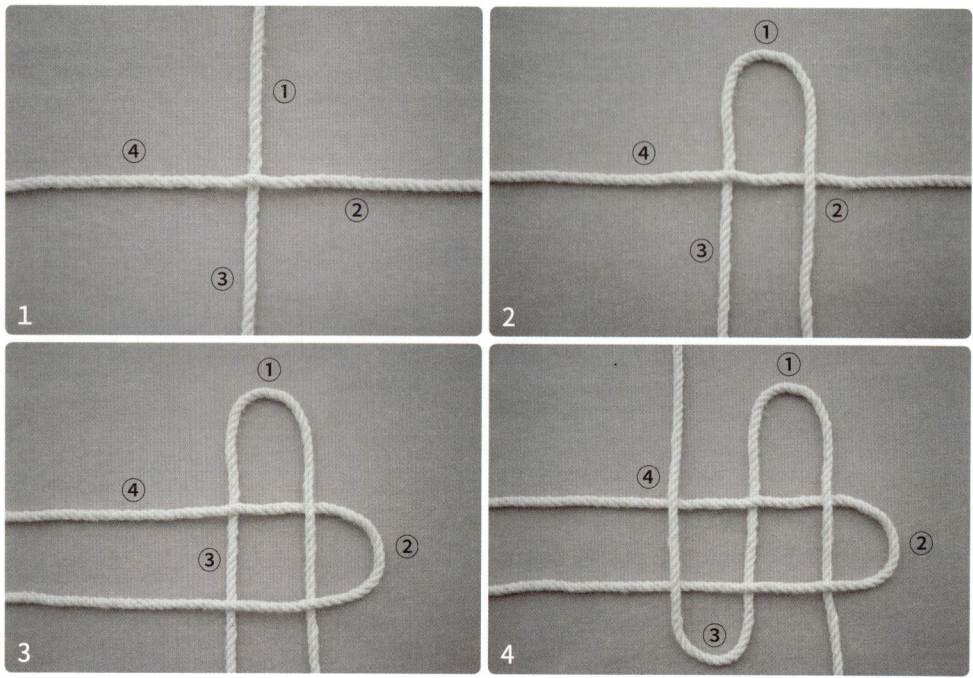

1 줄을 네 방향으로 교차하여 놓습니다.

2 ①번 줄을 고리를 만들며 ②번 줄 위에 놓습니다.

3 ②번 줄도 고리를 만들며 ③번 줄 위에 놓습니다.

4 ③번 줄도 고리를 만들며 ④번 줄 위에 놓습니다.

5 ④번 줄을 고리를 만들며 ③번 줄 위에 놓은 뒤, ①번 줄의 고리 사이로 통과시킵니다.

6 중심을 잡고 4줄을 각 방향으로 잡아당겨 조여줍니다.

7 동일한 순서로 매듭을 합니다.

8 원하는 길이만큼 매듭을 반복합니다.

세 줄 땋기 매듭
3-ply Braid

세 줄 땋기 매듭은 머리를 땋을 때 쓰는 방법과 동일한 매듭입니다.

3줄을 놓고 양 쪽에 있는 줄을 번갈아가며 가운데로 보내는 방법입니다.

1 ①번 줄을 ②번 줄 위로 보내고 ③번 줄을 ①번 줄 위에 놓습니다.

2 ②번 줄을 ③번 줄 위로 넘겨 오른쪽으로 보냅니다.

3 ①번 줄을 ②번 줄 위로 넘겨 왼쪽으로 보냅니다.

4 ③번 줄을 ①번 줄 위로 넘겨 오른쪽으로 보냅니다.

5 ②번 줄을 ③번 줄 위로 넘겨 왼쪽으로 보냅니다.

6 왼쪽 오른쪽을 번갈아 넘겨줍니다.

7 세 줄 땋기를 반복한 모양입니다.

8 두 줄씩 세 줄 땋기를 한 모양입니다.

네 줄 땋기 매듭
4-ply Braid

네 줄 땋기 매듭은 4줄을 교차하며 엮는 매듭입니다.
조금 복잡해 보이지만 일단 패턴을 손에 익히면 생각보다 어렵지 않습니다.

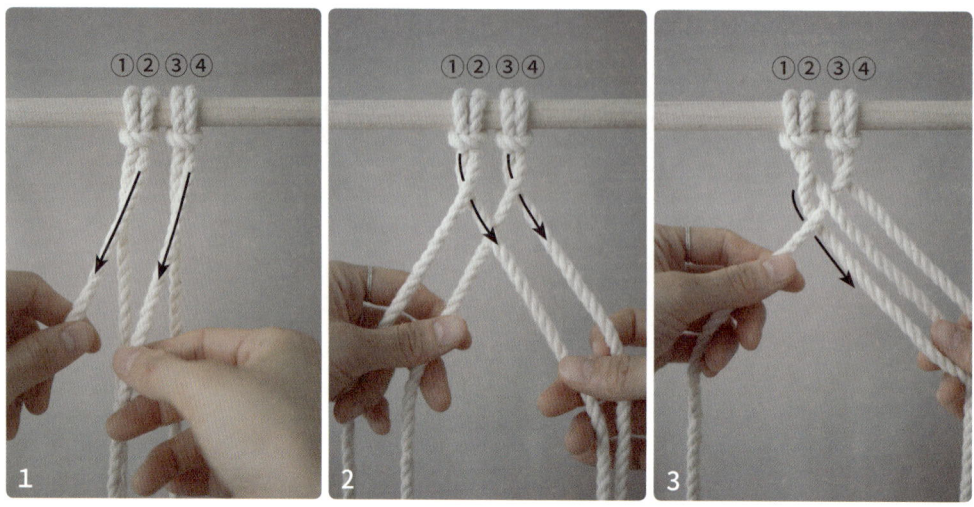

1 ②, ④번 줄을 왼쪽 방향으로 보냅니다.

2 ①번 줄을 ②번 줄 아래로 넘겨 오른쪽으로 보내고 ④번 줄이 ③번 줄 위 ①번 줄 아래에
   위치하도록 합니다.

3 ②번 줄을 ④번 줄 아래로 넘겨 오른쪽으로 보냅니다.

4 ③번 줄을 ①번 줄 위, ②번 줄 아래로 넘겨 왼쪽으로 보냅니다.

5 3-4번 단계를 반복합니다.

6 네 줄 땋기 매듭을 반복한 모양입니다.

7 두 줄씩 네 줄 땋기를 한 모양입니다.

패턴

이번 장에서는 기본 매듭인 평 매듭과 감아매기 매듭으로 만드는 6가지 패턴을 소개합니다. 책에 나와있는 패턴 외에도 매듭을 응용하여 다양한 디자인의 패턴을 만들 수 있습니다.

역삼각형 패턴

교차 평 매듭으로 만드는 역삼각형 모양의 평 매듭 패턴입니다.
여기서는 16개의 줄을 사용하여 4개의 평 매듭으로 시작합니다.
줄은 4의 배수로 사용합니다.

1 4개의 평 매듭을 나란히 만듭니다.
2 양끝에서 2줄씩 남기고 평 매듭을 교차하여 3개의 평 매듭을 만듭니다.

3 다시 3개의 평 매듭에서 양 끝의 2줄씩 남기고 평 매듭을
   교차하여 2개의 평 매듭을 만듭니다.

4 2개의 평 매듭을 교차하여 평 매듭을 1개 만듭니다.

5 역삼각 패턴의 평 매듭을 완성하였습니다.

6 1개의 평 매듭에서 시작하여 2줄씩 추가하며 교차
   평 매듭으로 삼각형 패턴을 만들 수 있습니다.

마름모 패턴

마름모 패턴은 삼각형 패턴으로 시작해서 역삼각형 패턴으로 끝나는 평 매듭 패턴입니다.
이 책에서는 16개의 줄을 사용하였으며 줄은 4의 배수로 사용합니다.
사선 감아매기로도 마름모 패턴을 만들 수 있습니다.

1 삼각형 패턴을 만듭니다.

2~3 양끝에서 2줄씩 남기고 평 매듭을 교차하여 3개의 평 매듭을 나란히 만듭니다.

4 3개 평 매듭의 양끝 2줄씩 남기고 교차 평 매듭으로 2개의 평 매듭을 만듭니다.

5 2개의 평 매듭을 교차하여 1개의 평 매듭을 만듭니다.

6 마름모 패턴을 완성하였습니다.

그물 패턴

교차 평 매듭을 할 때 매듭 사이에 일정한 간격을 두고 평 매듭을 만드는 패턴입니다.
간격의 폭에 따라 그물의 크기가 달라지며 다양하게 응용이 가능합니다.
여기서는 16개의 줄을 사용하였으며 줄은 4의 배수로 사용합니다.

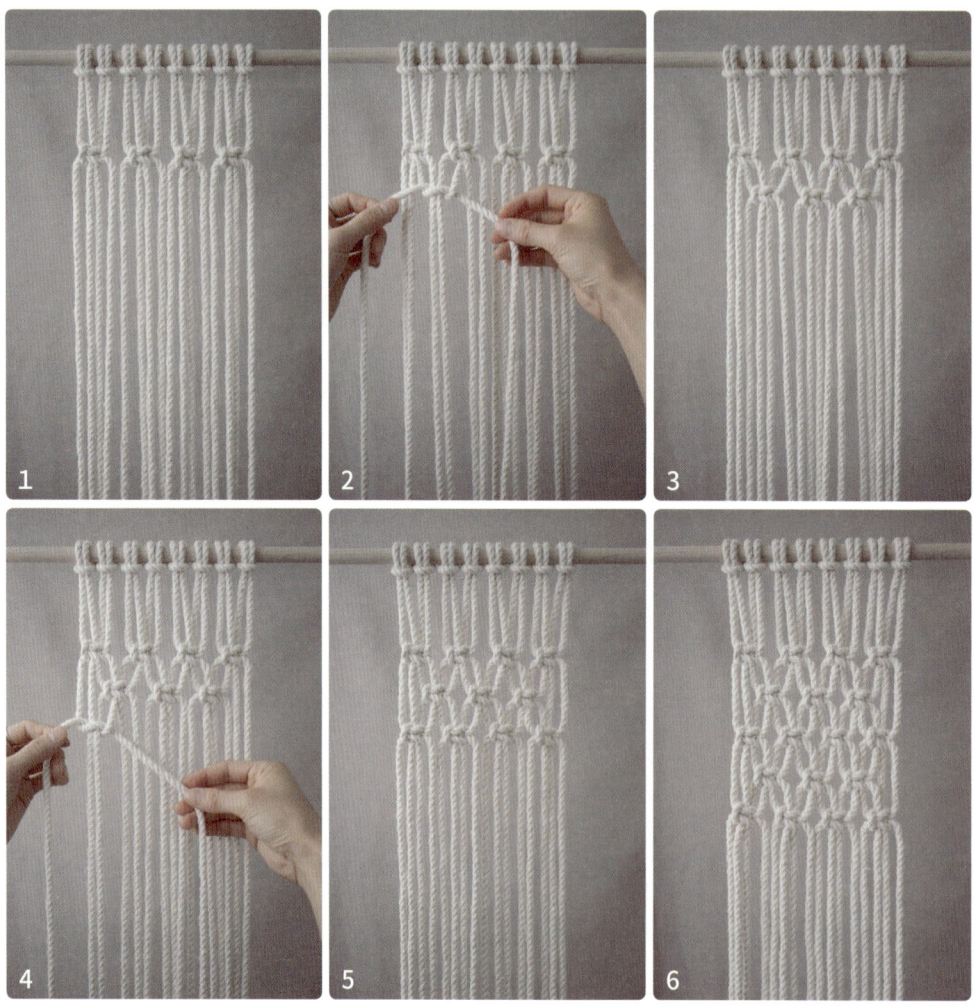

1 평 매듭 4개를 나란히 만듭니다.

2~3 양 바깥쪽의 2줄씩 남기고 일정한 간격으로 평 매듭 3개를 만듭니다.

4~5 바깥쪽 2줄을 추가하여 교차 평 매듭으로 평 매듭을 4개 만듭니다.

6 간격을 유지하며 교차 평 매듭을 반복하여 그물 패턴을 완성합니다.

물결 패턴

사선 감아매기로 마름모 패턴을 반복하여 물결무늬를 만드는 패턴입니다.
여기서는 10개의 줄을 사용하였으며 가운데 두 줄을 기둥줄로 사용합니다.

1   두 기둥줄끼리 감아매기 합니다. 이때 기둥줄과 엮음줄은 임의로 정합니다.

2   왼쪽 4줄을 엮음줄로 잡고 사선 감아매기 하며 중앙에서부터 왼쪽으로 내려옵니다.

3   오른쪽 4줄을 엮음줄로 잡고 중앙에서부터 오른쪽으로 사선 감아매기 하며 내려옵니다.

4   ㅅ모양의 감아매기 매듭이 만들어집니다.

5~6   다시 왼쪽 끝에 있는 기둥줄을 잡고 나머지 4개의 엮음줄로 가운데까지 사선 감아매기
     하며 내려옵니다.

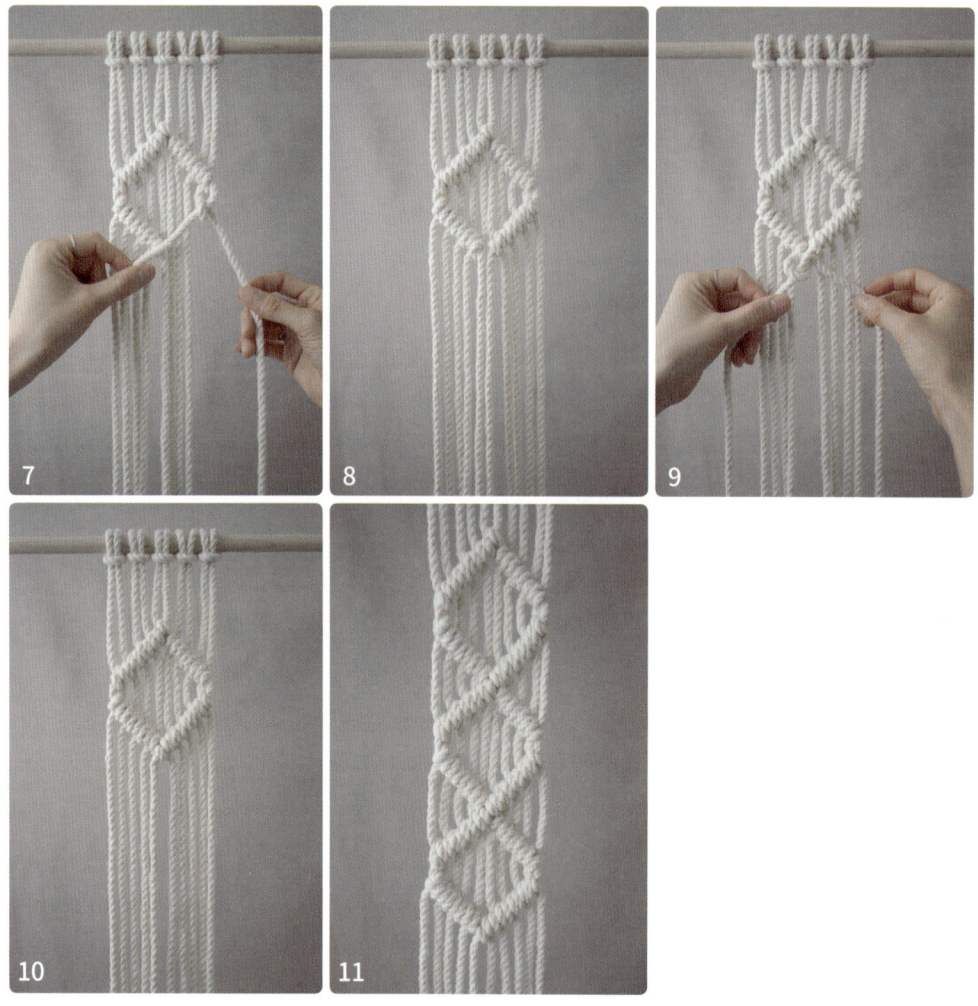

7~8 오른쪽 기둥줄을 잡고 가운데까지 사선 감아매기 하며 내려옵니다.

9 가운데에서 만나는 두 기둥줄끼리 감아매기로 연결합니다.

　　tip) 둘 중에 더 짧은 줄을 기둥줄로 사용합니다.

10 사선 감아매기로 마름모 패턴을 완성한 모습입니다.

11 2번부터 9번까지의 과정을 반복하여 물결 패턴을 완성합니다.

나비 패턴

사선 감아매기와 평 매듭을 응용하여 만드는 나비 모양의 패턴입니다.
여기서는 18개의 줄을 사용하였습니다.

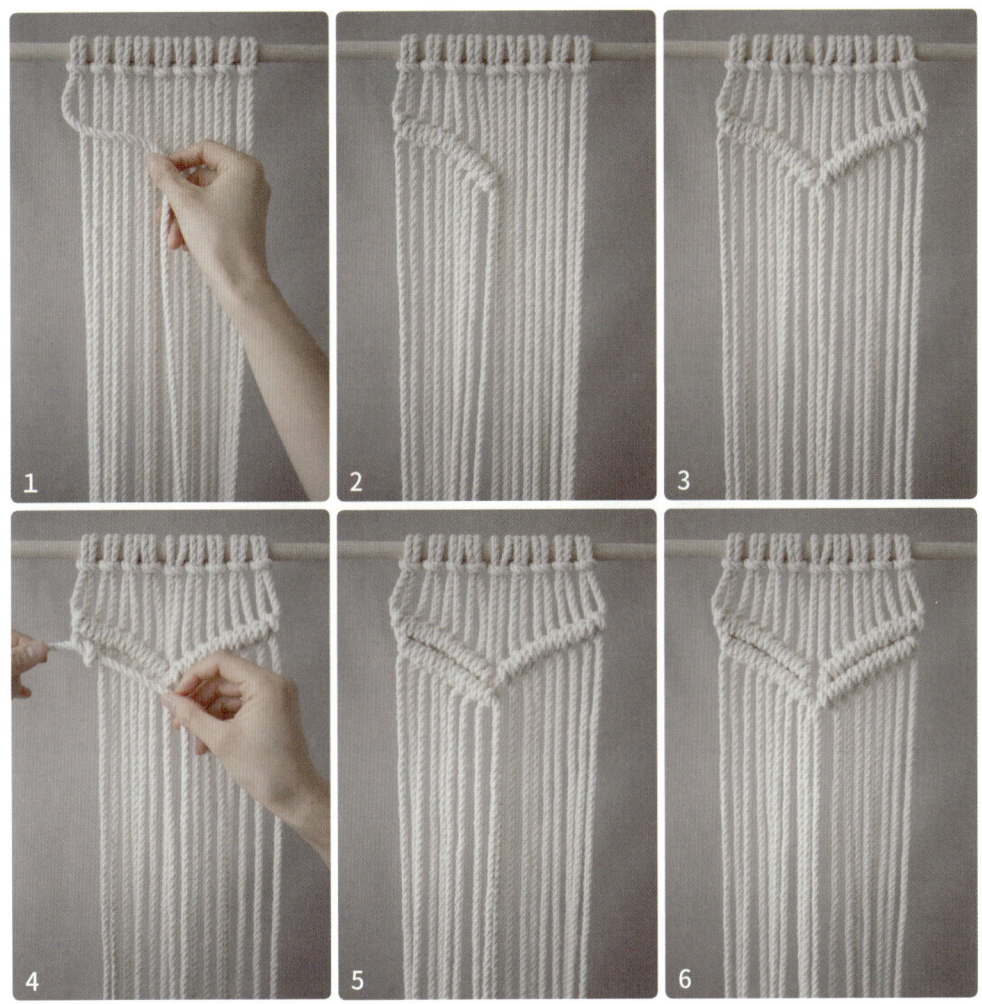

1 맨 왼쪽 줄을 기둥줄로 하여 줄을 사선으로 잡아줍니다.

2 왼쪽 2번째부터 8줄을 엮음줄로 사용하여 사선 감아매기를 8번 합니다.

3 맨 오른쪽 줄을 기둥줄로 잡고 왼쪽과 대칭이 되도록 사선 감아매기를 8번 합니다.

4~6 왼쪽과 오른쪽, 양끝의 줄을 각각 기둥줄로 잡습니다. 사선 감아매기를 각 8번씩 합니다.

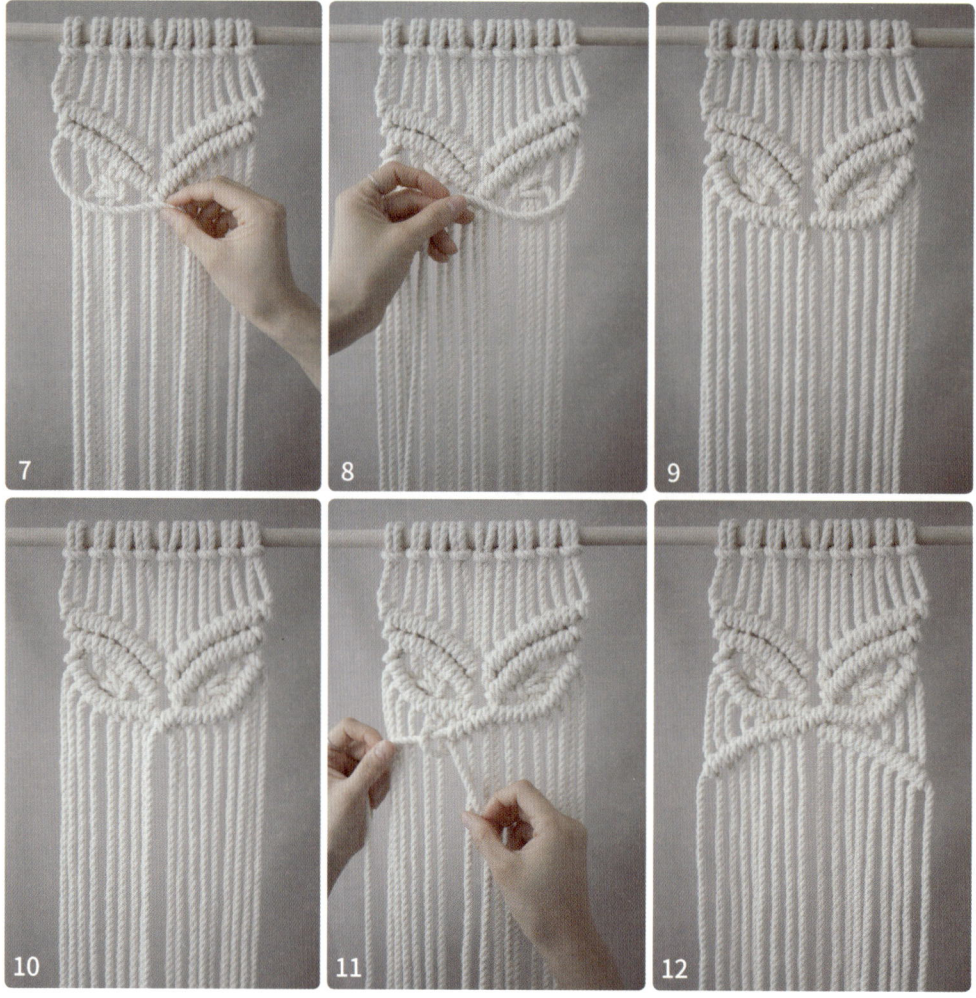

7　왼쪽 끝에서 2줄을 남기고 평 매듭을 합니다. 왼쪽 끝줄을 기둥줄로 잡고 중앙까지
　　감아매기 합니다.
　　tip) 이때 평 매듭 순서를 바꿔서 오른쪽 줄부터 매듭을 시작해야 전체 모양이 대칭을
　　이룹니다.

8　오른쪽 끝에서 2줄을 남기고 평 매듭을 한 뒤 사진과 같이 중앙까지 감아매기 합니다.

9　나비의 더듬이와 윗날개를 완성하였습니다.

10　두 기둥줄끼리 감아매기로 연결합니다. 이때 기둥줄과 엮음줄은 임의로 정합니다.

11~12　바깥 방향으로 기둥줄을 놓고 사선 감아매기로 내려옵니다. 양쪽이 서로 대칭이
　　되도록 만듭니다.

13 양쪽 끝에서 각각 2줄을 남기고 왼쪽과 오른쪽이 서로
　　대칭이 되도록 평 매듭을 합니다.

14~15 가운데 2줄을 기둥줄로 잡고 위아래가 곡선으로
　　　 대칭이 되도록 사선 감아매기로 내려옵니다.

12 나비 패턴이 완성되었습니다.

피시본 패턴

기둥줄은 동일하게 하고 엮음줄만 교차하여 평 매듭 세닛을 만드는 패턴입니다.

물고기 뼈 모양을 닮았다고 하여 이름 붙여진 패턴입니다.

여기서는 26개의 줄을 사용하였습니다.

1 12개의 줄 가운데 4개의 줄을 이용하여 평 매듭을 만듭니다.

2 가운데 2줄을 기둥줄로 하고 평 매듭 양옆의 2줄을 엮음줄로 사용합니다.

3 동일한 기둥줄을 잡고 간격 없이 평 매듭을 합니다.

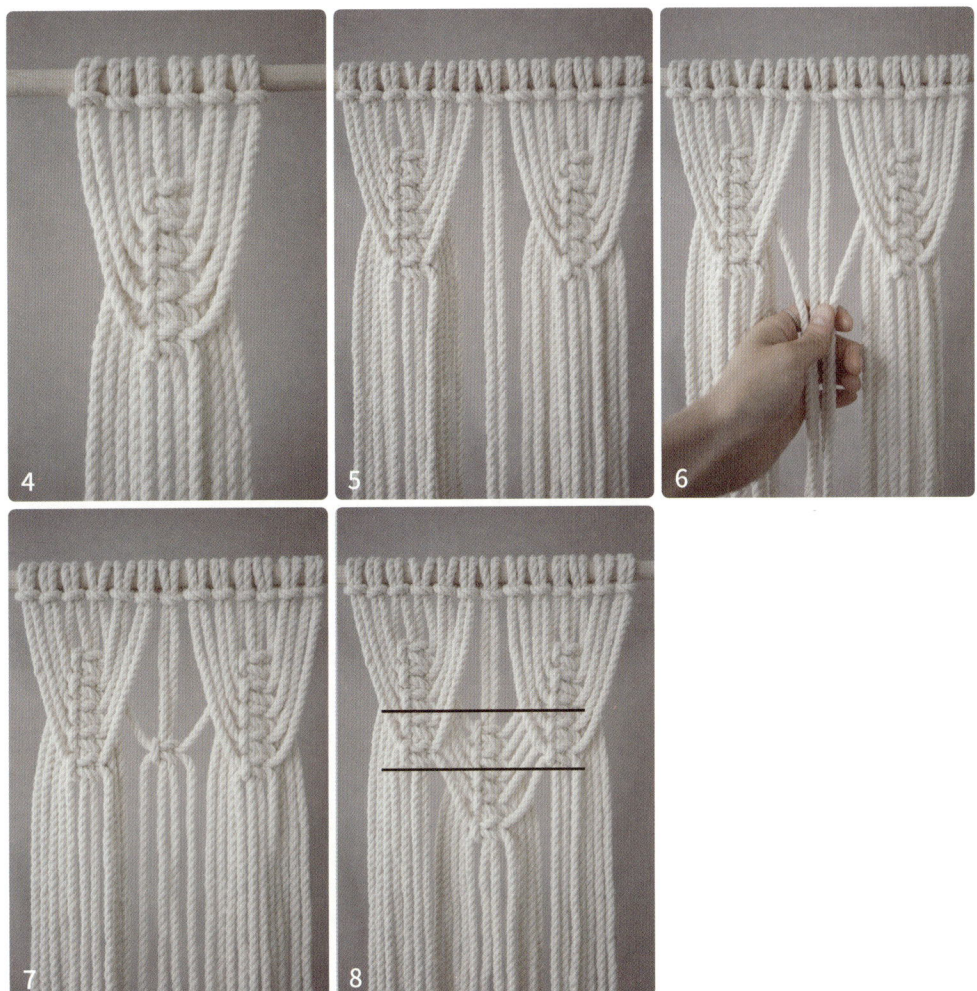

4 엮음줄만 교차하여 평 매듭을 3번 더 반복합니다.

5 1번부터 4번까지의 과정을 반복하여 옆에 피시본 패턴을 하나 더 만듭니다.
  두 패턴 사이에 기둥줄을 걸어줍니다.

6 두 패턴의 첫 번째 평 매듭에서 엮음줄을 하나씩 가져옵니다.

7 기둥줄을 잡고 평 매듭을 만듭니다.

8 두 피시본 패턴의 엮음줄을 교차하여 피시본 패턴을 완성합니다.

PART 4

프로젝트

플랜트 행거

마크라메로 만드는 플랜트 행거는 인테리어 소품으로써 장식 효과가 뛰어날 뿐 아니라, 어떤 식물이나 꽃을 담아 두느냐에 따라 분위기 전환에도 큰 역할을 합니다.

싱그러운 식물로 집안 곳곳에 생기를 가득 채워 보세요.

베이직 플랜트 행거
Basic Plant Hanger

90cm 길이의 활용도 높은 화분 행거입니다. 우드링이나 목봉을 사용하지 않고 평 매듭 세닛으로 고리를 만들었으며, 책에서는 중간에 우드비즈로 포인트를 주었지만 비즈가 없다면 과감히 생략해도 좋습니다.

♡ **재료**

4.5mm(120합) 면 로프 30m

지름 2cm, 안지름 1cm 우드비즈 4개

♡ **매듭법**

평 매듭

평 매듭 세닛

랩 매듭

평돌기 매듭

교차 평 매듭

♡ **미리 준비해주세요.**

420cm 4줄(엮음줄)

220cm 4줄(기둥줄)

200cm 1줄(상단 평 매듭 세닛 엮음줄)

90cm 2줄(랩 매듭)

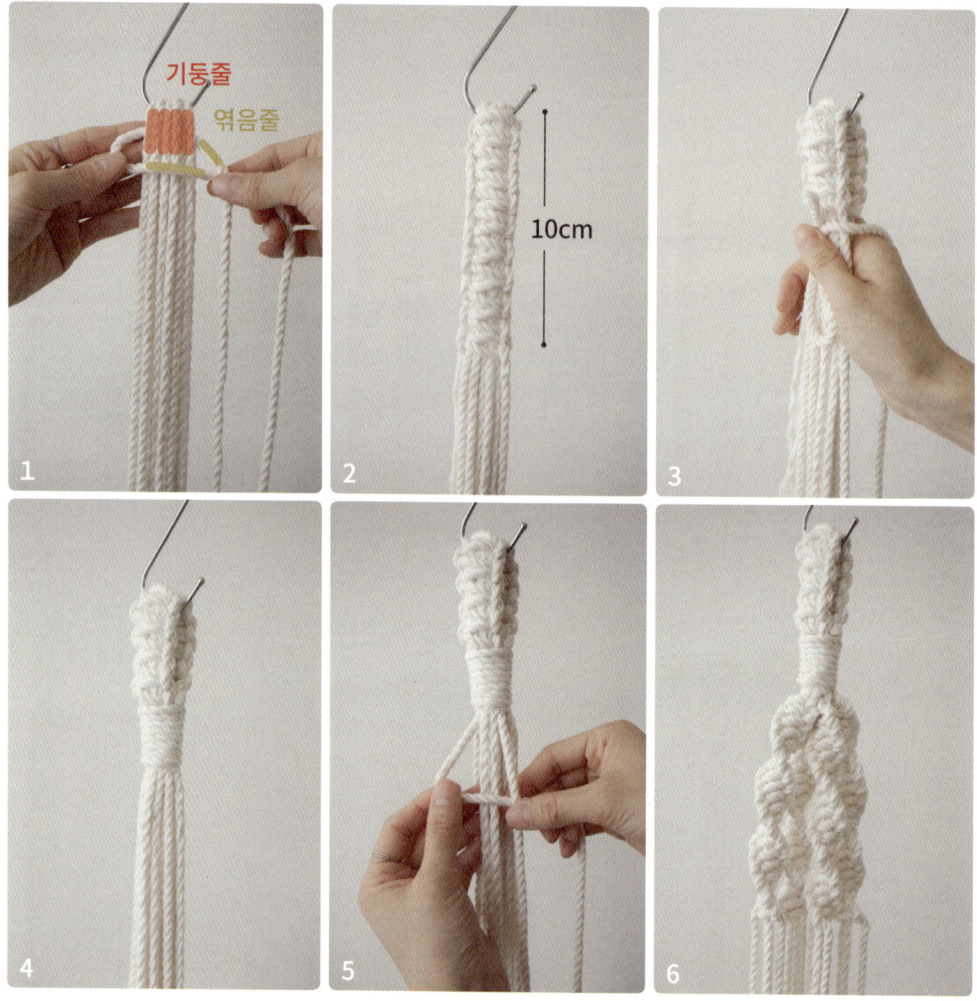

1 420cm 줄 4개와 220cm 줄 4개를 반으로 접어서 S자 고리에 걸어 놓습니다. 앞쪽을 향한
   줄을 10cm 더 길게 내립니다. 200cm 줄을 반으로 접어서 고리 사이로 보낸 뒤 앞쪽 8줄을
   기둥줄로 잡고 평 매듭을 합니다.

2 평 매듭을 10개 해서 10cm 길이의 평 매듭 세닛을 만듭니다.

3 평 매듭 세닛을 반으로 접고 90cm 줄을 사용하여 랩 매듭으로 8~10번 감아줍니다.

4 랩 매듭에 사용한 줄은 가위로 깔끔하게 정리합니다.

5 420cm 2줄을 엮음줄, 220cm 2줄을 기둥줄로 사용하여 평돌기 매듭을 20개 합니다.

6 나머지 12줄도 420cm 2줄을 엮음줄, 220cm 2줄을 기둥줄로 사용하여 평돌기 매듭을
   3개 더 만듭니다.

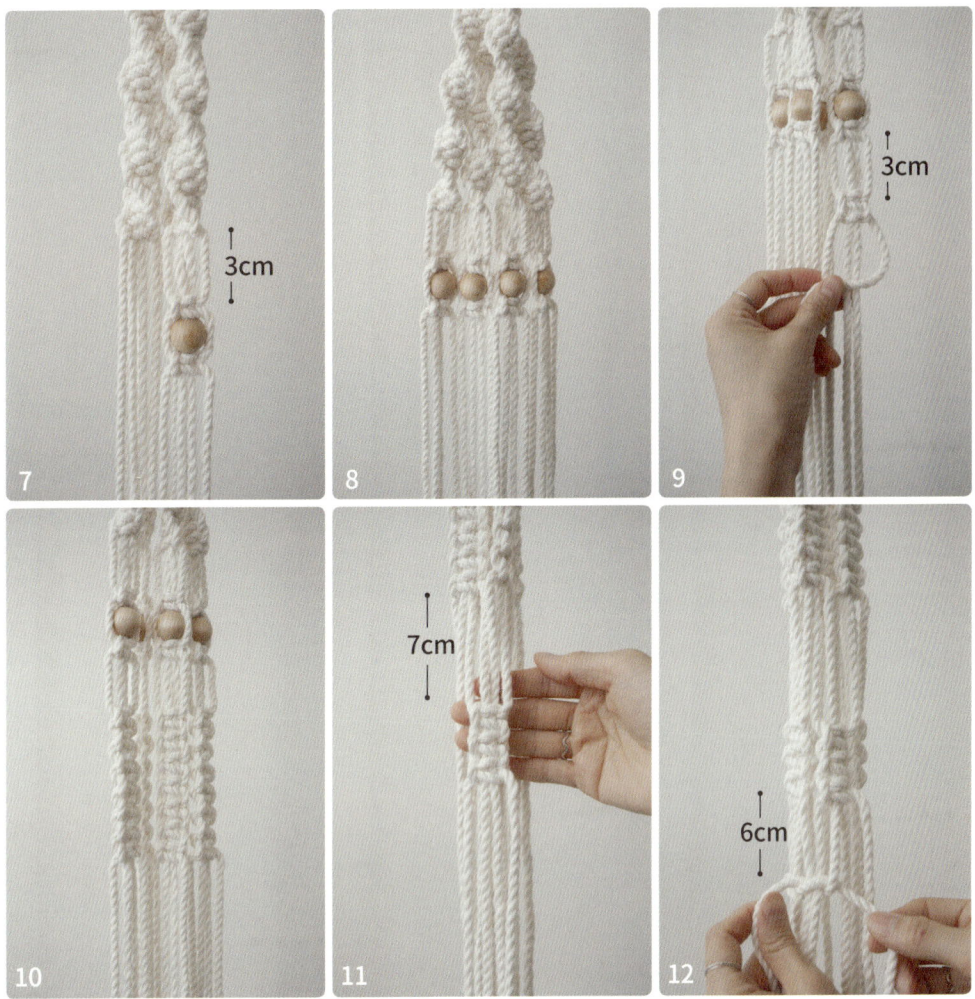

7 평돌기 매듭 3cm 아래에 평 매듭을 하고 기둥줄에 우드비즈를 꿴 뒤 다시 평 매듭으로 고정합니다.

8 나머지 3개의 줄도 같은 높이에 우드비즈를 고정합니다.

9 같은 줄로 3cm 아래에 다시 평 매듭을 7개 연속으로 합니다.

10 나머지 줄도 동일하게 평 매듭 세닛을 만듭니다.

11 각 평 매듭 세닛에서 2줄씩 교차하여 7cm 아래에 평 매듭을 3개 연속으로 합니다.
   tip) 기존의 기둥줄이 엮음줄이 되고, 엮음줄은 기둥줄로 사용합니다.

12 다시 각 평 매듭 세닛에서 2줄씩 교차하여 6cm 아래에 평 매듭을 1개 만듭니다.

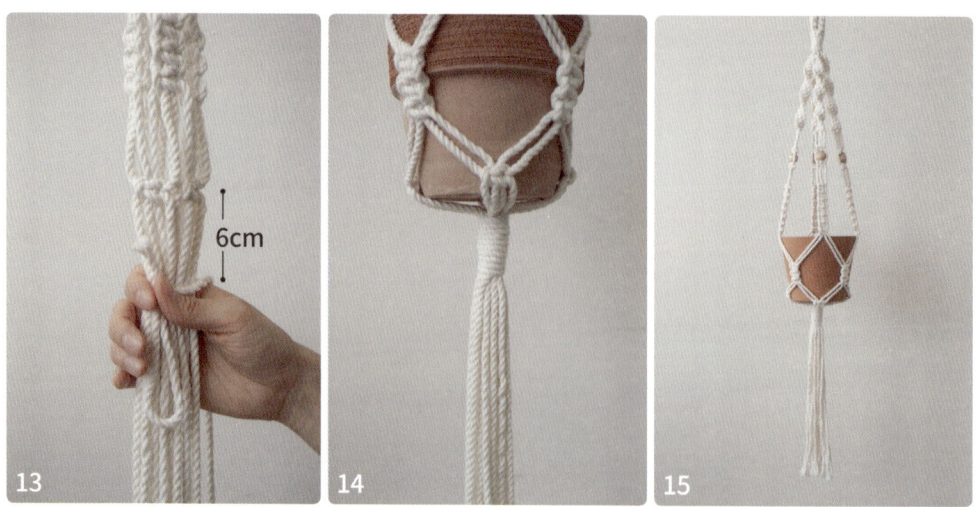

13 매듭에서 6cm 아래에 90cm 줄을 사용하여 랩 매듭으로 10번 감아줍니다.

14 밑단을 원하는 길이만큼 잘라서 정리합니다.

15 화분을 행거에 넣으면 완성입니다.

벽걸이 플랜트 행거
Plant Wall Hanger

유목을 사용하여 벽에 걸 수 있는 55cm 길이의 화분 행거입니다.

교차 평 매듭의 간격을 조절하여, 다양한 크기의 화분이나 병을 넣을 수 있습니다.

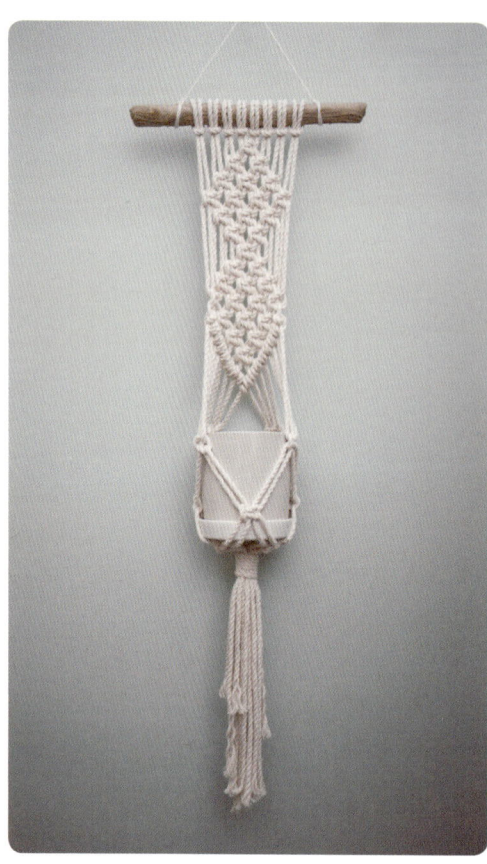

♡ **재료**

4.5mm(120합) 면 로프

20cm 유목

♡ **매듭법 & 패턴**

종달새머리 매듭

평 매듭

교차 평 매듭

사선 감아매기

랩 매듭

마름모 패턴

♡ **미리 준비해주세요.**

200cm 8줄

80cm 1줄(랩 매듭)

♡ 만드는 방법

1 200cm 줄 8개를 반으로 접어서 종달새머리 매듭으로 유목에 걸어줍니다.

2 가운데 4줄로 평 매듭을 만듭니다.

3 평 매듭의 2줄과 왼쪽 2줄로 교차 평 매듭을 합니다.

4 평 매듭의 2줄과 오른쪽 2줄로 교차 평 매듭을 합니다.

5 2줄씩 늘려가며 전체 줄을 교차 평 매듭 하여 삼각형 패턴을 만듭니다.

6 4개의 평 매듭에서 양끝의 2줄씩 줄여가며 교차 평 매듭을 합니다.

7 16줄을 교차 평 매듭 하여 마름모 패턴을 만듭니다.

8 아래쪽에 마름모 패턴을 한 번 더 반복합니다.

9~10 왼쪽 끝줄을 기둥줄로 잡고 나머지 7줄로 사선 감아매기 하며 중앙까지 내려옵니다.

11 오른쪽 끝줄을 기둥줄로 잡고 나머지 7줄로 사선 감아매기 하며 중앙까지 내려옵니다.

12 두 기둥줄을 감아매기 합니다. 기둥줄과 엮음줄은 임의로 정합니다.

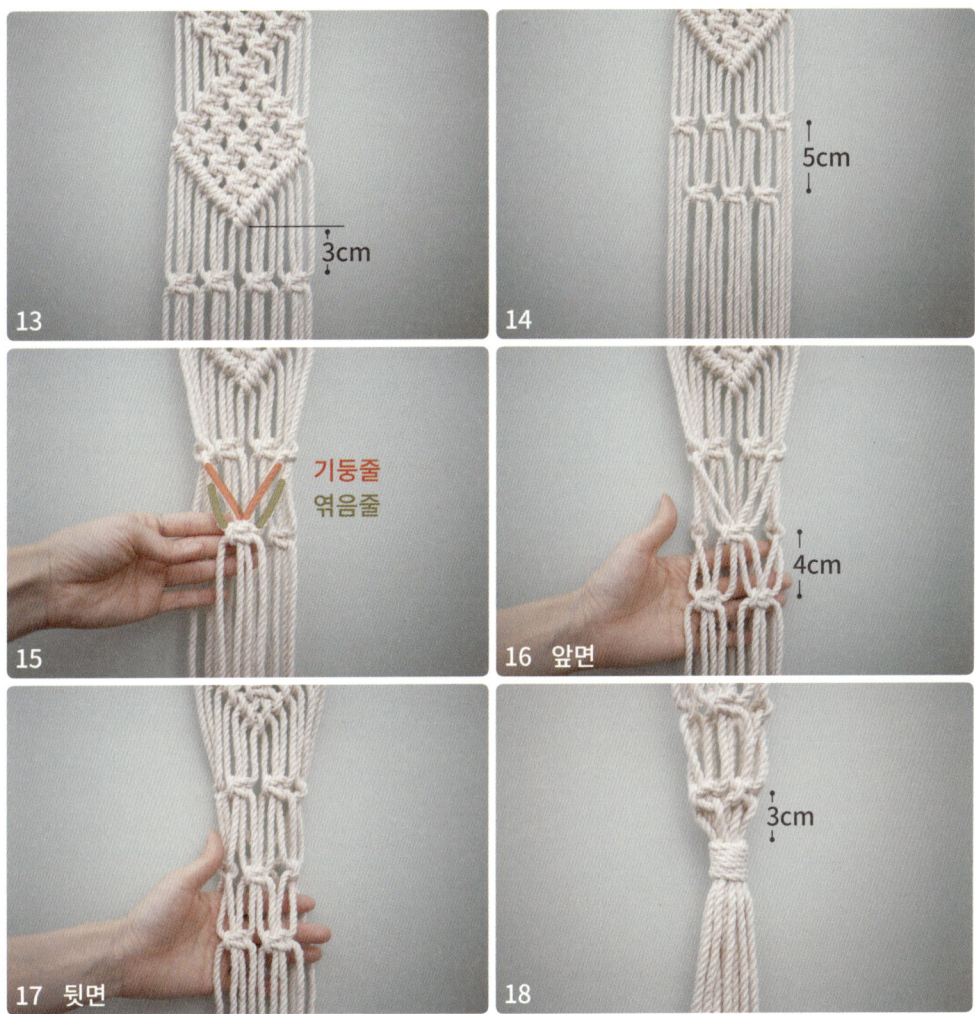

13 3cm 아래에 평 매듭을 4개 만듭니다.

14 5cm 아래에 교차 평 매듭으로 3개의 평 매듭을 만듭니다.

15 양쪽에 2개씩 남아있던 줄을 앞으로 모아서 같은 높이에 평 매듭을 합니다.

    tip) 양 끝줄이 기둥줄이 되고 2번째 줄은 엮음줄이 됩니다.

16~17 4cm 아래에 교차 평 매듭하여 평 매듭을 4개 만듭니다.

18 3cm 아래에 80cm 줄을 사용하여 랩 매듭으로 6번 감아줍니다.

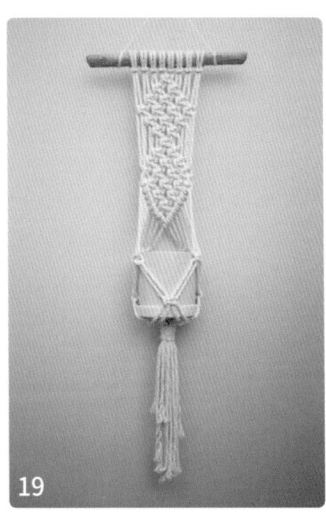

19 밑단의 줄을 잘라서 정리하고 화분을 넣어 완성합니다.

더블 플랜트 행거
Double Plant Hanger

2개의 화분을 넣을 수 있는 130cm 길이의 플랜트 행거입니다.
평돌기 매듭과 왕관 매듭을 사용하여 입체감이 더욱 돋보이도록 표현하였습니다.

♡ **재료**

4.5mm(120합) 면 로프 47m
지름 6cm, 안지름 4cm 우드링 1개

♡ **매듭법**

랩 매듭
평돌기 매듭
평 매듭
평 매듭 세닛
왕관 매듭

♡ **미리 준비해주세요.**

550cm 8줄
90cm 3줄(랩 매듭)

* 상부

1 550cm 줄 8개를 반으로 접어 우드링에 걸어줍니다.

2 90cm 줄을 사용하여 랩 매듭으로 8번 감고 남은 줄은 잘라줍니다.

3 4줄을 사용하여 평돌기 매듭을 약 10cm의 길이로 만듭니다.

4 남은 12줄도 각 4줄씩 같은 높이로 평돌기 매듭을 합니다.

5 5cm 아래에 같은 줄로 평돌기 매듭을 약 10cm의 길이로 반복합니다.

6 나머지 줄도 동일하게 평돌기 매듭을 합니다.

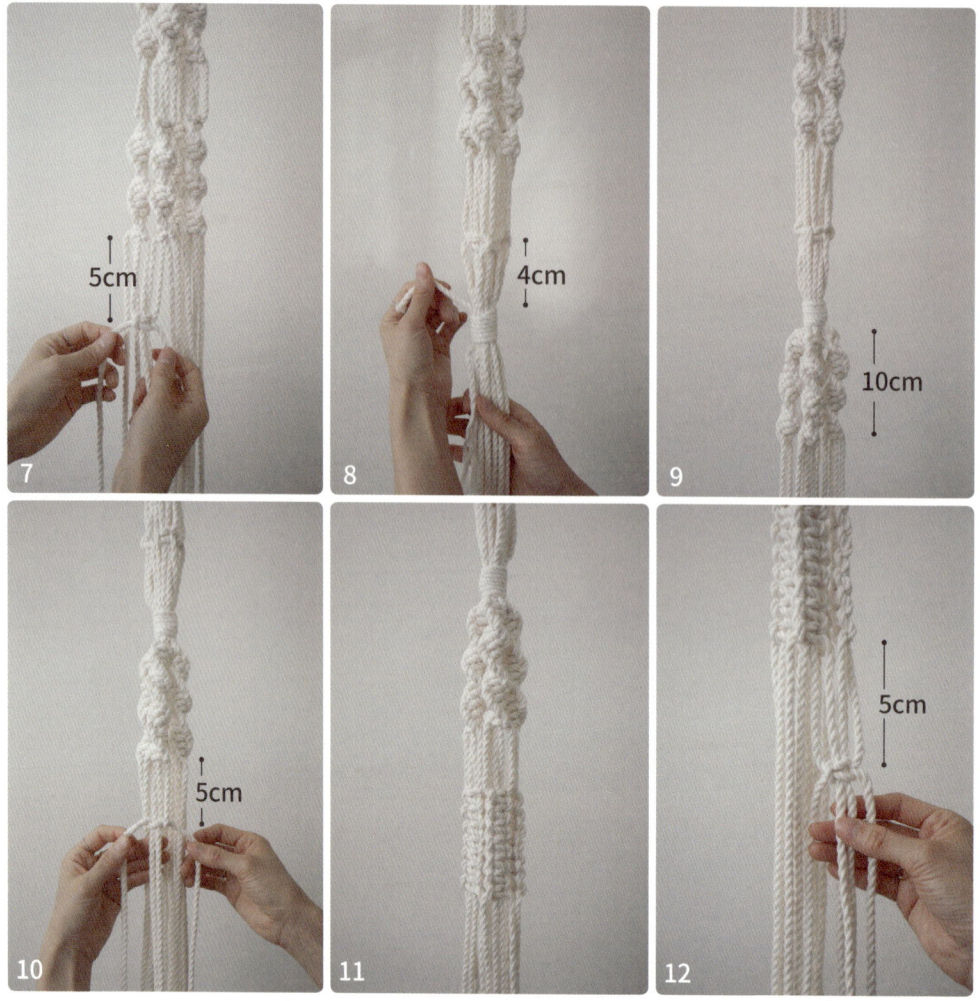

7   5cm 아래에 각 평돌기 매듭에서 두 줄씩 교차하여 평 매듭을 1개 만듭니다.
    tip) 기존의 기둥줄이 엮음줄이 되고, 엮음줄은 기둥줄로 사용합니다.

8   4cm 아래에 90cm 줄을 사용하여 랩 매듭으로 8번 감아줍니다.

* 하부

9   상부 시작과 동일하게 평돌기 매듭을 약 10cm의 길이로 합니다.
    tip) 상부에서 엮음줄로 사용했던 8줄이 짧아진 것을 확인하고 하단의 매듭을 시작할 때
    짧아진 줄은 기둥줄로, 긴 줄은 엮음줄로 사용합니다.

10 5cm 아래에 평 매듭을 7개 연속으로 합니다.

11 나머지 12줄도 동일하게 평 매듭 세닛을 만듭니다.

12 5cm 아래에 각 평 매듭 세닛에서 두 줄씩 교차하여 평 매듭 4개를 만듭니다.

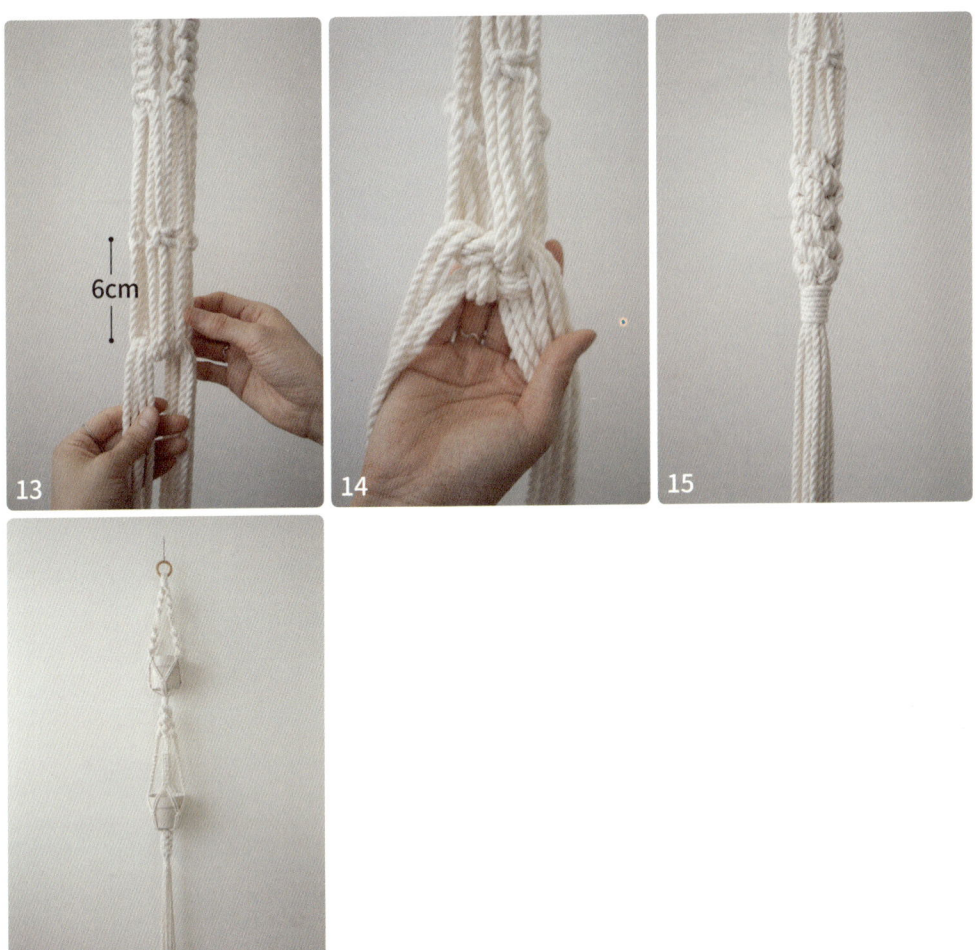

6cm

13

14

15

16

13 전체 줄을 4등분하여 4줄씩 잡고, 평 매듭의 6cm 아래에 왕관 매듭을 합니다.

14 왕관 매듭을 밑에서 본 모양입니다.

15 왕관 매듭을 연속해서 5개 만들고 90cm 줄을 사용하여 랩 매듭으로 8번 감아줍니다.

16 2개의 화분을 넣어 완성한 모습입니다.

바구니 행거
Basket Hanger

50cm 길이의 행거로 마 로프 4줄을 사용하여 아래부터 시작하는 행거입니다.
바구니가 없다면 사이즈가 비슷한 화분이나 볼을 넣어서 사용해도 좋습니다.

♡ **재료**

3mm 마 로프 10m
컬러 면사 3m
지름 25cm, 높이 10cm 바구니

♡ **매듭법**

뒷면 종달새머리 매듭
십자 매듭
랩 매듭
좌우 반감아매기 매듭

♡ **미리 준비해주세요.**

마 로프 250cm 4줄
컬러 면사 150cm 2줄(랩 매듭)

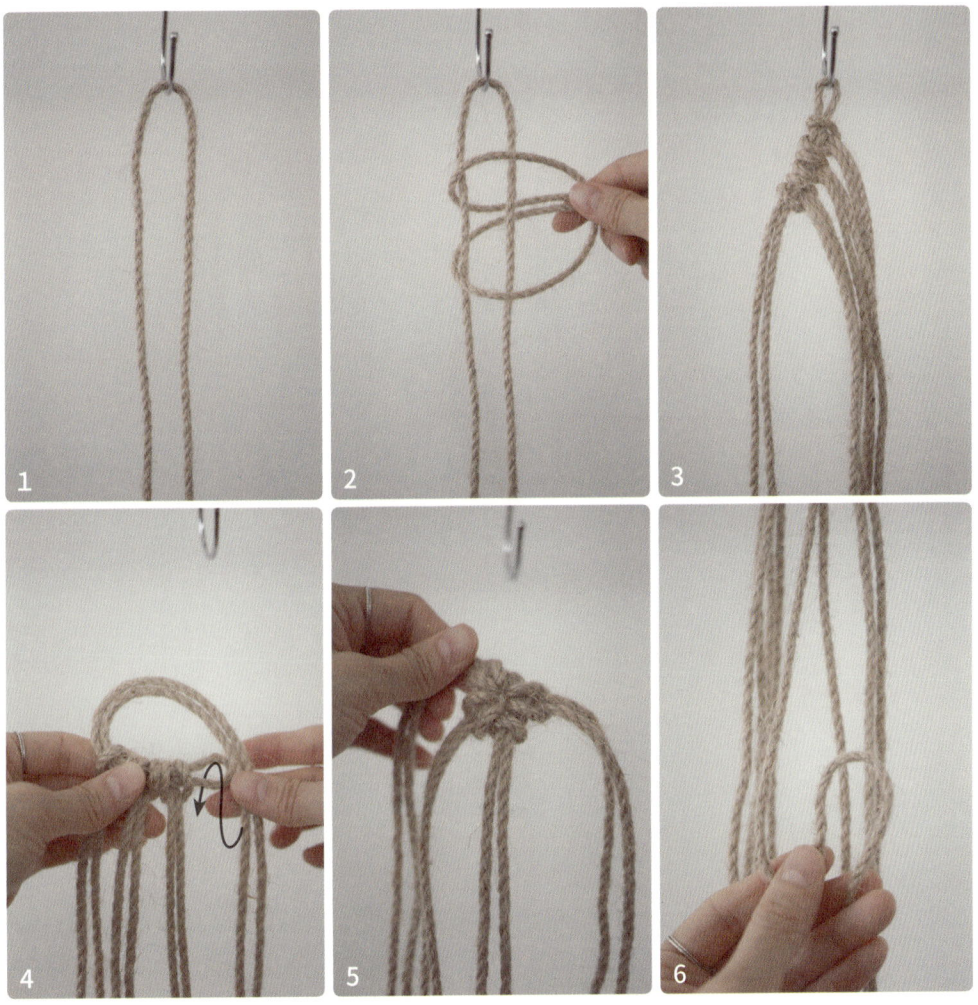

1 250cm 마줄 1개를 반으로 접어 S자 고리에 걸어줍니다.

2~3 2줄을 기둥줄로 잡고 나머지 3줄을 고리의 1cm 아래에 뒷면 종달새머리 매듭으로
　　걸어줍니다.

4~5 기둥줄로 사용했던 마줄을 처음에 남겨두었던 공간에 통과시켜서 조여줍니다.

6~10 각 매듭에서 1줄씩 가져와서 10cm 아래에 십자 매듭을 만듭니다.

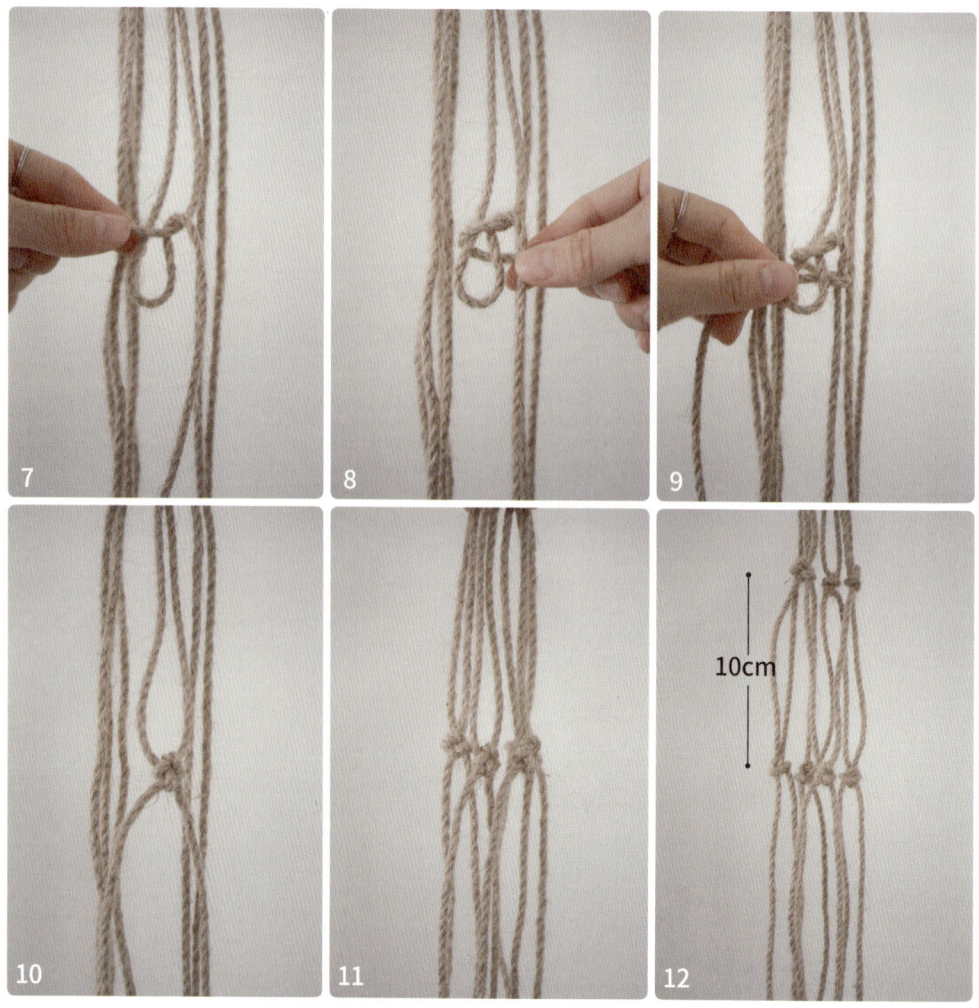

6~10 각 매듭에서 1줄씩 가져와서 10cm 아래에 십자 매듭을 만듭니다.

11 남은 줄을 사용해서 같은 높이에 십자 매듭 3개를 더 만듭니다.

12 각 매듭에서 줄을 교차하여 10cm 아래에 십자 매듭 4개를 만듭니다.

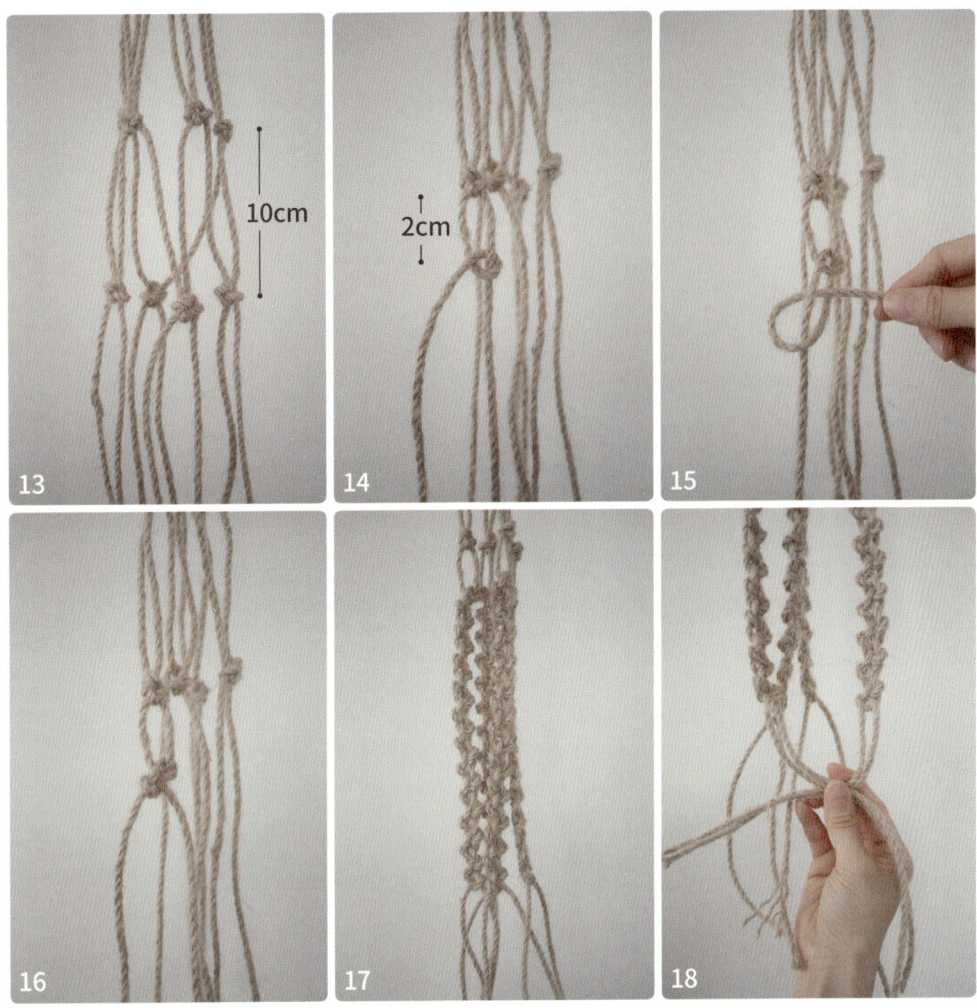

13 다시 각 매듭에서 줄을 교차하여 10cm 아래에 십자 매듭 4개를 만듭니다.

14~16 십자 매듭의 2cm 아래에 엮음줄과 기둥줄을 교차하며 좌우 반감아매기 매듭을 합니다.

17 총 12번 좌우 반감아매기 매듭을 하고 나머지 줄도 동일하게 만듭니다.

18 4개의 매듭 줄을 2줄씩 X자 모양으로 겹쳐 잡습니다.

19 150cm 면사를 사용하여 랩 매듭으로 단단히 감아주고 가위로 줄을 정리합니다.
  남은 4줄도 2줄씩 X자 모양으로 겹쳐 잡고 랩 매듭을 합니다.
20 바구니를 넣어서 완성합니다.

유리볼 행거
Glass Ball Hanger

조세핀 매듭 특유의 고풍스러운 분위기와 투명한 유리볼이 주는 깨끗한 이미지가 더해져서 장식 효과가 뛰어난 80cm 길이의 행거입니다.

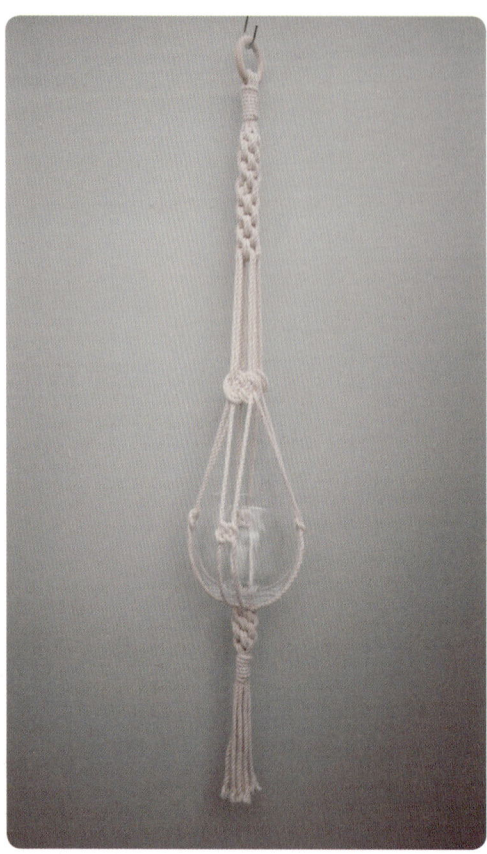

♡ **재료**

5mm(150합) 면 로프 13.4m

지름 6cm, 안지름 4cm 우드링 1개

지름 10cm, 높이 12cm 유리볼

♡ **매듭법**

랩 매듭

왕관 매듭

조세핀 매듭

♡ **미리 준비해주세요.**

300cm 4줄

70cm 2줄(랩 매듭)

♡ 만드는 방법

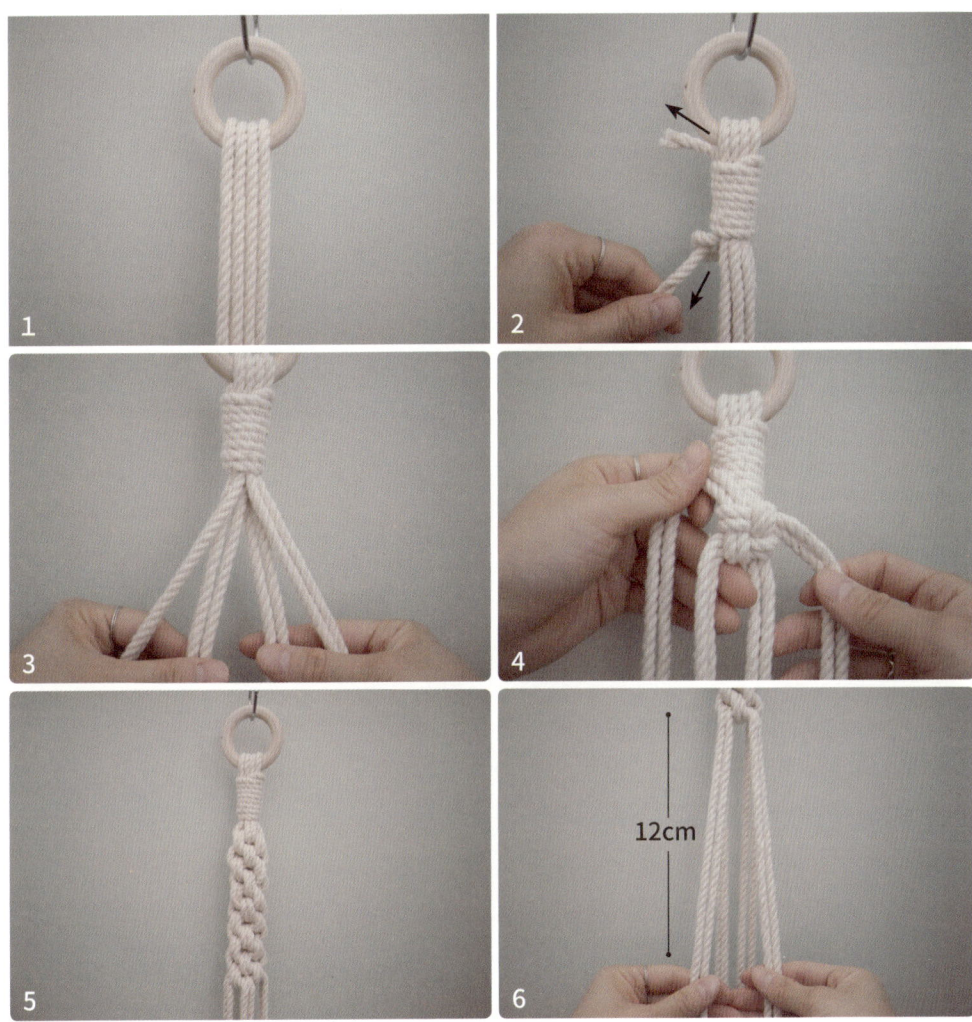

1 300cm 줄 4개를 반으로 접어 우드링에 걸어줍니다.

2 70cm 줄을 사용하여 랩 매듭으로 8번 감아주고 남은 줄은 가위로 정리합니다.

3~5 2줄씩 네 묶음으로 줄을 잡고 왕관 매듭을 12개 만듭니다.

6~7 매듭의 12cm 아래에서 2줄씩 잡고 조세핀 매듭을 만듭니다.

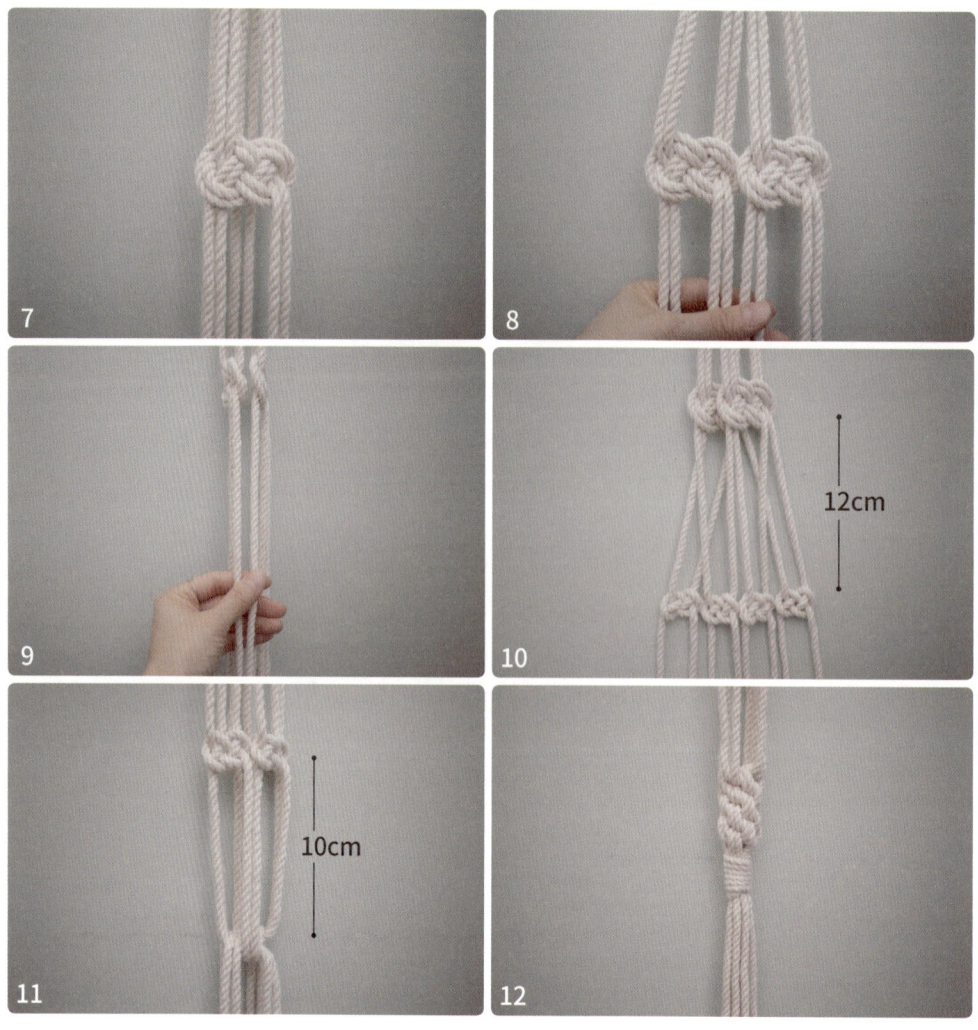

6~7 매듭의 12cm 아래에서 2줄씩 잡고 조세핀 매듭을 만듭니다.

8   남은 4줄도 2줄씩 잡고 같은 높이에 조세핀 매듭을 하나 더 만듭니다.

9~10 다시 매듭의 12cm 아래에서 1줄씩 잡고 조세핀 매듭을 총 4개 더 만듭니다.

11 각 매듭에서 줄을 교차하여 잡고 10cm 아래에 왕관 매듭을 5개 만듭니다.

12 70cm 줄을 이용해 랩 매듭으로 6번 감아주고 밑단을 가위로 잘라서 정리합니다.

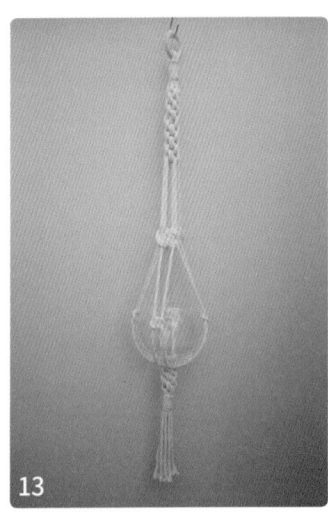

13 유리볼을 넣어 완성합니다.

빈티지 행거
Vintage Hanger

마 로프와 금속 소재의 아이템을 이용하여 고풍스러운 느낌이 나는 120cm 길이의 행거입니다.
랩 매듭으로 고리를 만들고, 금속링에 줄을 추가하여 마름모 패턴의 장식 효과를 더했습니다.

♡ **재료**

3mm 마 로프 50m
바깥지름 14cm 금속링 1개
지름 2cm, 안지름 1cm 금속 비즈 4개

♡ **매듭법**

랩 매듭
수평 감아매기
평 매듭
스위치 매듭
평돌기 매듭
평 매듭 세닛
교차 평 매듭
뒷면 종달새머리 매듭
사선 감아매기

♡ **미리 준비해주세요.**

400cm 8줄
200cm 1줄(랩 매듭)
70cm 1줄(랩 매듭)

* 추가 줄
80cm 16줄
50cm 4줄(랩 매듭)

1 400cm 줄 8개를 반으로 접어 S자 고리에 걸어줍니다.

2 200cm 줄을 사용하여 전체 줄을 랩 매듭으로 30번 감아줍니다.

3 랩 매듭을 둥글게 휘어서 모양을 잡습니다.

4 70cm 줄을 사용하여 전체 줄을 랩 매듭으로 약 3cm 길이가 되도록 감아줍니다.

5 지름 14cm의 금속링을 줄의 바깥쪽에 놓습니다.

6~7 금속링을 랩 매듭의 10cm 아래에 두고 수평 감아매기를 합니다.

6~7 금속링을 랩 매듭의 10cm 아래에 두고 수평 감아매기를 합니다.

8   각각 네 방향으로 3줄 더 수평 감아매기를 합니다.

9   나머지 12줄도 각 3줄씩 네 방향으로 나눠서 수평 감아매기 합니다.

10   평 매듭을 1개 만든 후, 엮음줄과 기둥줄을 교차하여 스위치 매듭을 만듭니다.

11   기둥줄 2개에 금속 비즈를 꿰어주고 평 매듭으로 고정해줍니다.

12   다시 엮음줄과 기둥줄을 교차하여 스위치 매듭을 합니다.

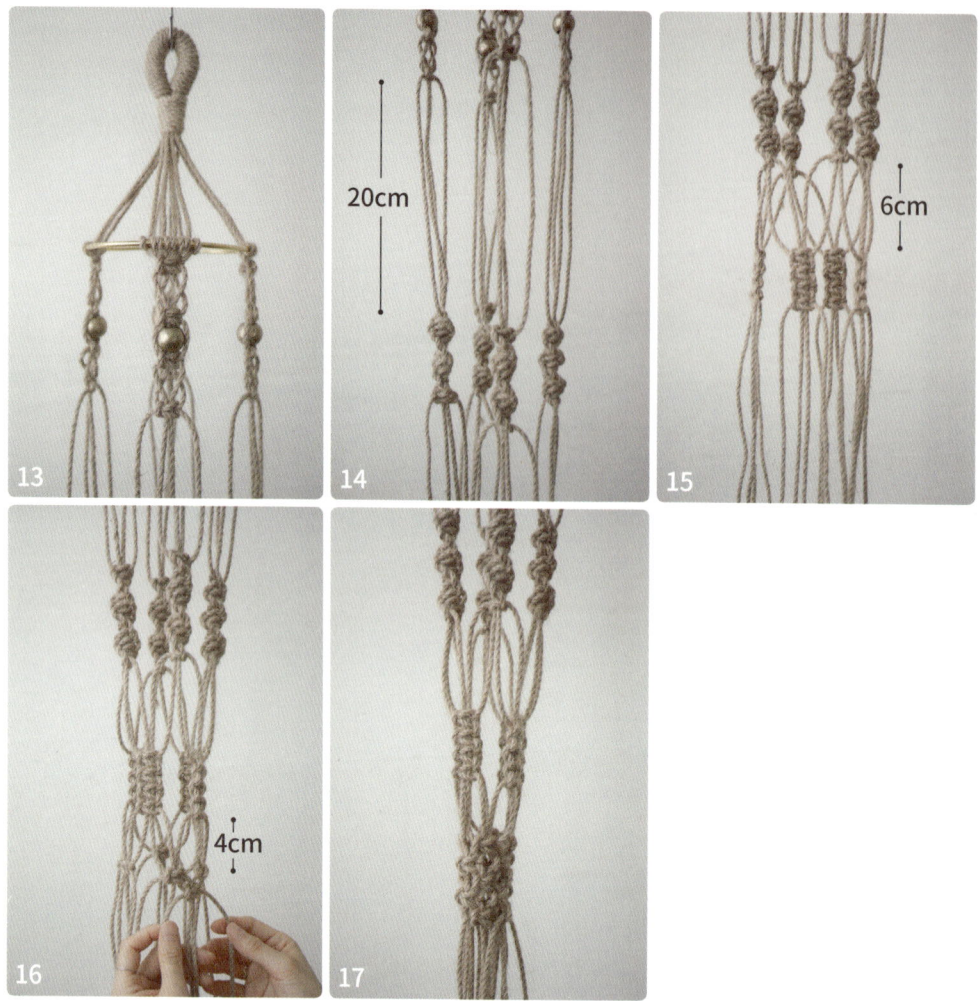

13 나머지 세 방향의 12줄도 동일한 모양의 매듭을 만듭니다.

14 스위치 매듭의 20cm 아래에 평돌기 매듭을 20개 합니다.

15 각 평돌기 매듭에서 2줄씩 교차하여 6cm 아래에 4개의 평 매듭으로 이루어진 평 매듭
     세닛을 4개 만듭니다.

16 다시 평 매듭 세닛에서 2줄씩 교차하여 4cm 아래에 평 매듭을 4개 만들고, 간격 없이
     교차 평 매듭을 합니다.

17 총 4줄의 교차 평 매듭으로 전체 줄이 연결된 모습입니다.

* 줄 추가하기

18~19 80cm 줄을 각 4개씩 금속링의 비어있는 네 방향에 뒷면 종달새머리 매듭으로
감아줍니다.

20 가운데 2줄을 교차하여 기둥줄로 잡고 ㅅ모양으로 사선 감아매기 합니다.

21 가운데 4줄로 평 매듭을 한 뒤, V모양으로 사선 감아매기를 하여 매듭을 연결합니다.

22 50cm 줄로 랩 매듭을 하여 하나로 묶어줍니다.

23 나머지 줄도 **20**번부터 **22**번까지의 과정을 반복하여 같은 방법으로 매듭을 해줍니다.
완성된 행거에 화분을 넣어 완성합니다.

Project 2

월행잉

마크라메 월행잉은 벽에 걸어두는 것만으로 집 안의 분위기를 훨씬 아늑하게 만들 수 있습니다. 모던하면서도 엔틱한 느낌의 월행잉은 오래 두고 볼수록 더 자연스러운 매력이 있습니다.

특별한 날을 기념하고 싶을 때는 가랜드나 백드롭으로 공간을 연출해 보세요.

역삼각형 패턴 월행잉
Triangle Pattern Wall Hanging

가로 45cm, 세로 50cm 길이의 역삼각형 패턴 월행잉입니다.

반복되는 패턴의 월행잉에 포인트가 되는 태슬을 더하여 멋스러움을 더했습니다.

♡ **재료**

4.5mm(120합) 면 로프 54m

45cm 목봉

지름 2cm, 안지름 1cm 우드비즈 1개

♡ **매듭법 & 패턴**

종달새머리 매듭

평 매듭

교차 평 매듭

랩 매듭

왕관 매듭

삼각형 패턴

♡ **미리 준비해주세요.**

220cm 14줄

180cm 10줄

＊태슬

60cm 6줄

70cm 2줄 (랩 매듭/고리)

♡ **만드는 방법**

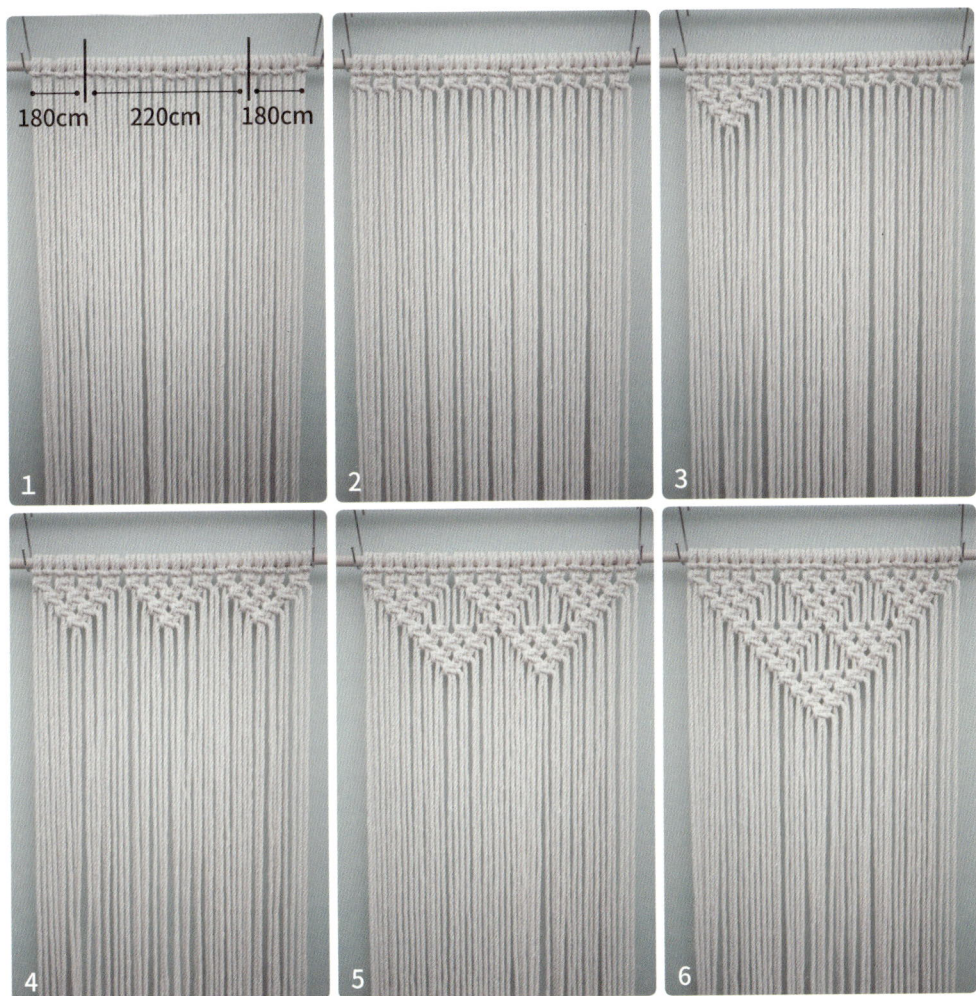

1 220cm 줄 14개를 목봉 가운데에 종달새머리 매듭으로 걸어줍니다.

  180cm 줄은 각 5개씩 220cm 줄 양옆에 나눠서 걸어줍니다.

2 4줄씩 잡고 평 매듭을 나란히 12개 만듭니다.

3 전체 줄을 3등분 하여 각 4개의 평 매듭으로 시작하는 역삼각형 패턴을 만듭니다.

  양쪽 끝에서 2줄씩 남기며 평 매듭이 1개가 될 때까지 교차 평 매듭을 합니다.

4 총 3개의 역삼각형 패턴을 만듭니다.

5 역삼각형 패턴 사이에 4개의 평 매듭으로 시작하는 또 다른 역삼각형 패턴을 2개 만듭니다.

6 두 역삼각형 패턴 사이에 다시 4개의 평 매듭으로 시작하는 역삼각형 패턴을 1개 만듭니다.

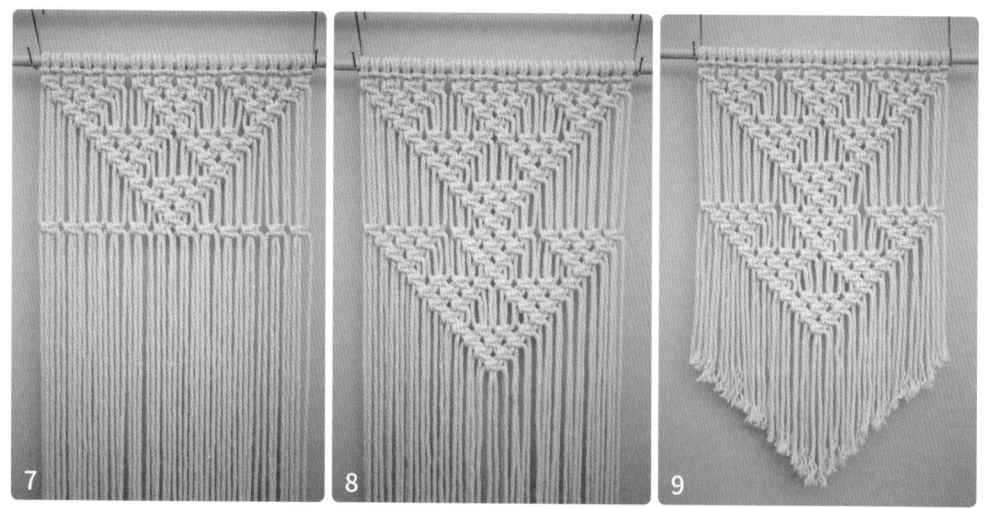

7   4줄씩 잡고 역삼각형 패턴 아래에 평 매듭을 나란히 12개 만듭니다.

8   **3**번부터 **6**번까지의 과정을 반복합니다.

9   역삼각형 패턴 20cm 아래에서 V모양으로 잘라줍니다.

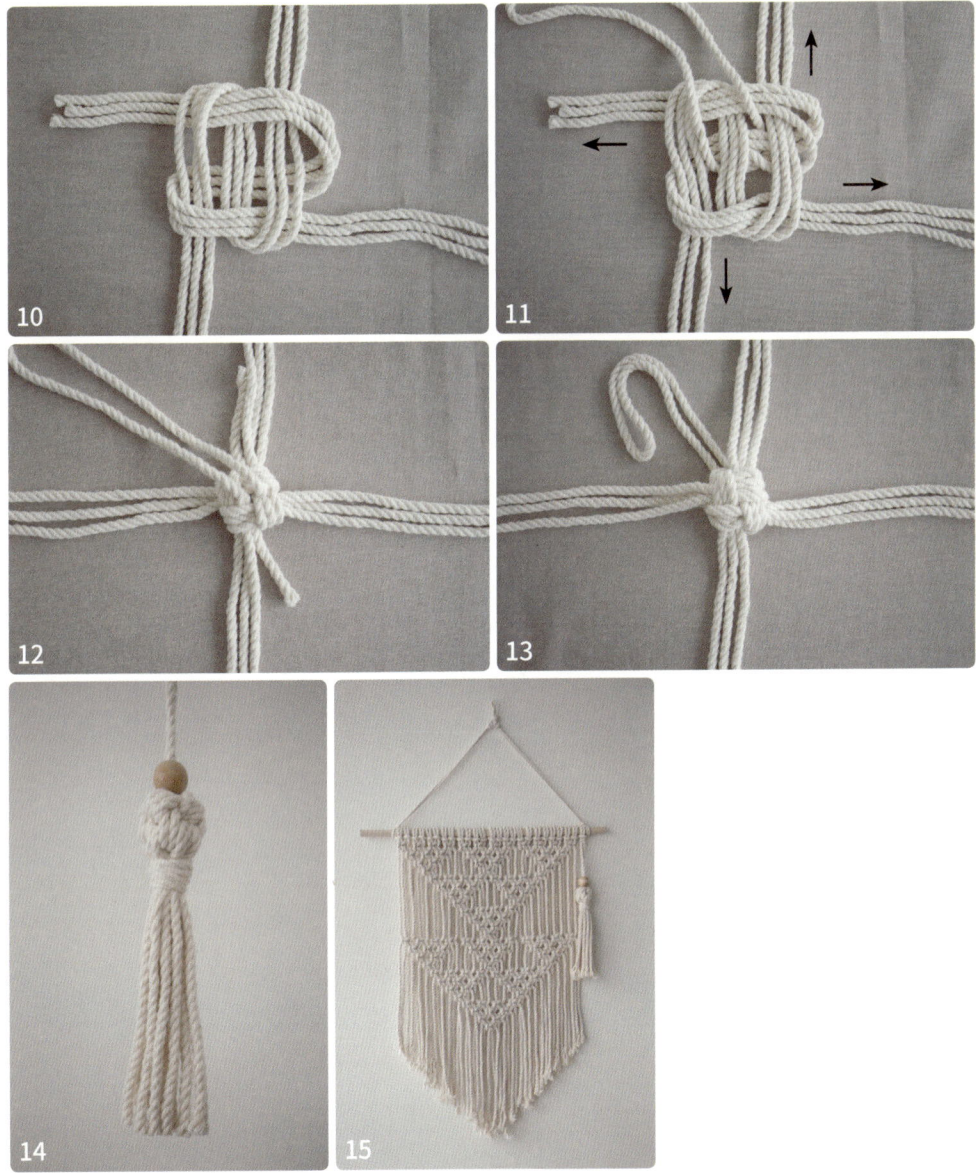

* 태슬 만들기

10 60cm 줄 6개를 2묶음으로 십자 모양으로 겹쳐 놓습니다. 한 방향으로 왕관 매듭을 해줍니다.

11 매듭을 조이기 전에 70cm 줄을 매듭 사이로 통과시킵니다.

12 60cm 줄을 네 방향으로 당겨서 조입니다.

13 매듭을 뒤집어서 한 번 더 왕관 매듭을 합니다.

14 70cm 줄을 사용하여 랩 매듭으로 감아주고, 고리 줄에 우드비즈를 꿰어줍니다.

15 태슬을 목봉에 종달새머리 매듭으로 걸어주면 완성입니다.

가랜드
Garland

삼각형 패턴과 사선 감아매기를 반복하여 만드는 140cm 길이의 가랜드입니다.
침대 머리맡이나 창가에 걸어두면 좋은 사이즈로, 랩 매듭으로 묶지 않고 줄을 늘어뜨려서 활용할 수도 있습니다.

♡ **재료**

5mm(150합) 면 로프 80m

♡ **매듭법 & 패턴**

종달새머리 매듭
평 매듭
사선 감아매기
랩 매듭
삼각형 패턴

♡ **미리 준비해주세요.**

120cm 80줄
180cm 1줄(벽걸이용 줄)
60cm 9줄(랩 매듭)

1 180cm 줄에 120cm 줄 60개를 종달새 머리 매듭으로 걸어줍니다.

2 20줄이 한 세트입니다. 양 쪽에서 2줄씩 남기고 4개의 평 매듭으로 시작하는 역삼각형 패턴을 만듭니다.

3~4 왼쪽 끝줄을 기둥줄로 잡고 나머지 9줄을 엮음줄로 하여 사선 감아매기 합니다.

5~6 오른쪽 끝줄을 기둥줄로 잡고 나머지 9줄로 사선 감아매기 합니다.

7~8 양 끝에서 4줄씩 남기고 V모양으로 사선 감아매기 합니다.

9   나머지 50줄로 **2**번부터 **8**번까지의 과정을 5번 더 반복합니다.

10 두 삼각 패턴 사이의 가운데 4줄로 평 매듭을 3번 이어합니다.

11~12 기둥줄을 뒤로 넘긴 후, 다시 엮음줄로 평 매듭을 해서 버블 매듭을 만듭니다.

13~14 버블 매듭 옆에 있는 2줄 중 양쪽 끝줄을 기둥줄로 잡고 V모양으로 사선 감아매기 합니다.

15~16 8줄을 모아서 60cm 줄로 랩 매듭 합니다.

17 나머지 삼각 패턴 사이도 **10**번부터 **16**번까지의 과정을 4번 더 합니다.

18 전체 길이를 패턴의 모양대로 35cm 길이로 자르면 완성입니다.

눈꽃 드림캐처
Snowflake Dream Catcher

80cm 길이의 드림캐처입니다.

눈꽃이 떨어지는 설산을 감아매기로 만들고, 눈이 내리는 모습을 통 매듭으로 표현했습니다.

♡ **재료**

4mm(90합) 면 로프 6m

4.5mm(120합) 면 로프 21m

12합 면사 100cm

지름 3cm 금속 링 1개

지름 20cm 금속 링 1개

지름 2cm, 안지름 1cm 금속 비즈 1개

♡ **매듭법**

종달새머리 매듭

평돌기 매듭

교차 평돌기 매듭

뒷면 종달새머리 매듭

사선 감아매기 매듭

통 매듭

랩 매듭

♡ **미리 준비해주세요.**

4mm 면 로프 60cm 10줄

4.5mm 면 로프 180cm 10줄

4.5mm 면 로프 150cm 2줄

12합 면사 100cm

1 지름 3cm 금속링을 S자 고리에 걸어줍니다.

2 금속링에 60cm 줄 10개를 종달새머리 매듭으로 걸어줍니다.

3 두 종달새머리 매듭의 바깥줄을 엮음줄로 잡고 평돌기 매듭을 합니다.

4 평돌기 매듭을 3번 합니다.

5 나머지 16줄도 각 4줄씩 잡고 평돌기 매듭을 3번 합니다.

6 각 평돌기 매듭에서 1cm 간격을 두고 2줄씩 교차하여 교차 평돌기 매듭을 3번 합니다.

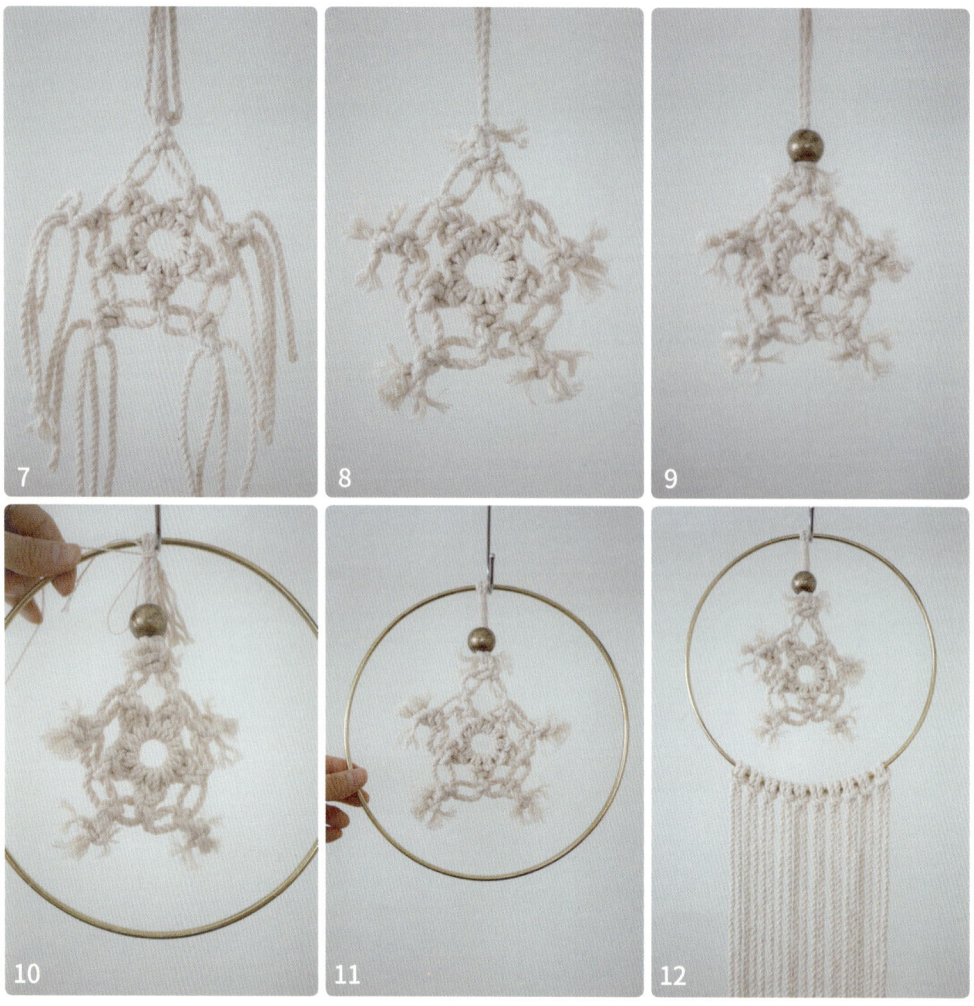

7   나머지 줄도 교차 평돌기 매듭을 각 3번씩 합니다.

8   전체 줄에서 기둥줄 2줄만 남기고 자른 뒤, 빗으로 빗어 정리합니다.

9   기둥줄에 금속비즈를 꿰어서 눈꽃을 완성합니다.

10~11 눈꽃을 지름 20cm 금속링에 걸어주고 12합 면사로 랩 매듭 하여 고정합니다.

12 금속링에 4.5mm 줄 10개를 종달새머리 매듭으로 걸어줍니다.

13~14 가운데 2줄을 기둥줄로 잡고 나머지 18줄을 엮음줄로 하여 ㅅ모양으로 사선 감아매기 합니다.

15~16 다시 가운데 2줄을 기둥줄로 잡고 나머지 18줄을 ㅅ모양으로 사선 감아매기 합니다.

17~18 양 끝줄에 150cm 줄 2개를 각각 뒷면 종달새머리 매듭으로 걸어줍니다.

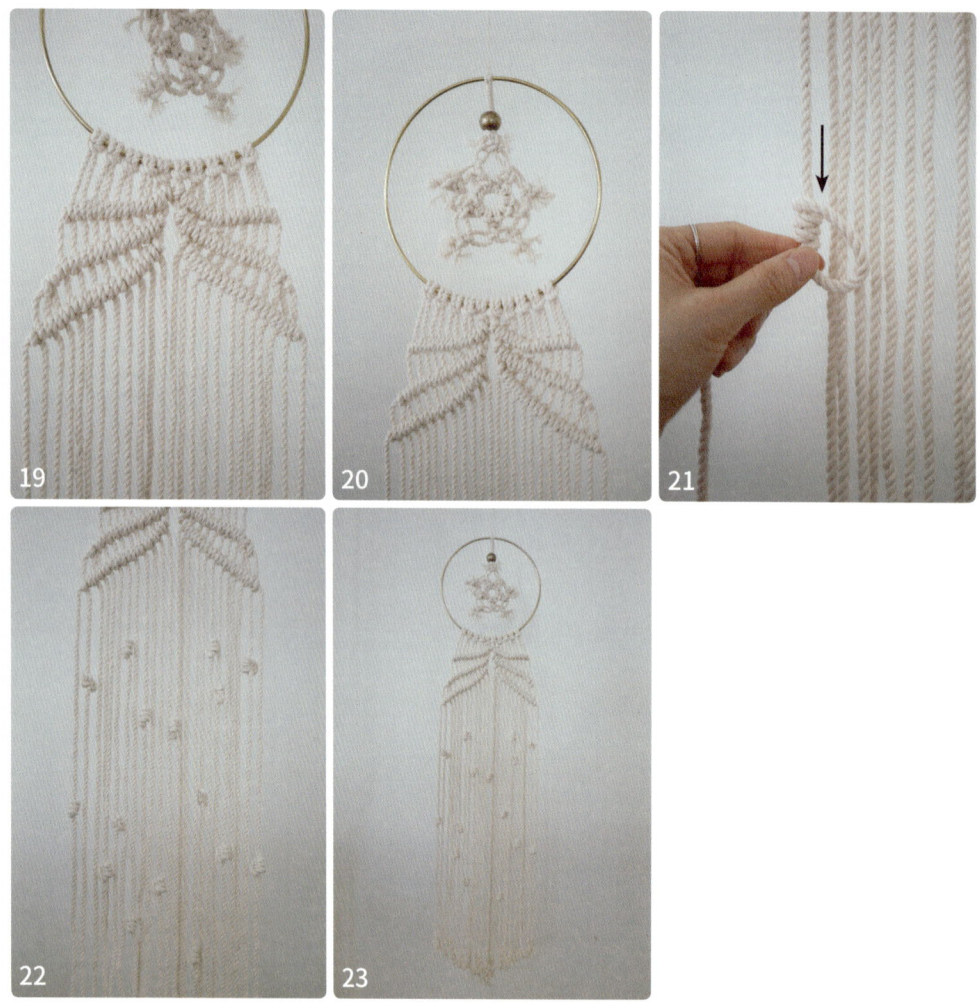

19 다시 가운데 2줄을 기둥줄로 잡고 나머지 22줄을 엮음줄로 하여 ㅅ모양으로 사선 감아매기
   합니다.

20 산 모양을 완성했습니다.

21 한 줄씩 잡고 통 매듭을 해줍니다.

22 불규칙하게 통 매듭을 엮어 눈이 내리는 느낌을 표현합니다.

23 밑단을 V모양으로 잘라서 눈꽃 드림캐처를 완성합니다.

더블링 드림캐처
Double Ring Dream Catcher

크기가 다른 금속링 2개를 평돌기 매듭으로 연결하고 버블 매듭으로 포인트를 준 지름 50cm
의 드림캐처입니다. 해가 잘 들어오는 유리창이나 벽면에 걸어두면 빛이 들어오는 방향에 따
라 아름답게 반짝입니다.

♡ **재료**

4mm(90합) 면 로프 104m

20cm 금속링 1개

28cm 금속링 1개

♡ **매듭법**

뒷면 종달새머리 매듭

평 매듭

평돌기 매듭

수평 감아매기

사선 감아매기

버블 매듭

♡ **미리 준비해주세요.**

160cm 60줄

80cm 10줄

1~2 20cm 금속링에 160cm 줄 60개를 뒷면 종달새머리 매듭으로 걸어줍니다.

3 가운데 4줄로 평돌기 매듭을 9번 합니다.

4 나머지 줄도 4줄씩 사용하여 평돌기 매듭을 총 30개 만들어줍니다.

5~6 28cm 금속링을 매듭 앞쪽에 두고 수평 감아매기로 고정합니다.

7 전체 줄을 금속링에 수평 감아매기 합니다. 이때 두 링 사이가 너무 느슨하거나 팽팽할 경우, 평돌기 매듭의 개수를 늘이거나 줄여서 간격을 조절합니다.

8 3개의 평돌기 매듭(12줄)이 한 세트입니다.
　가운데 4줄로 평 매듭을 하나 만듭니다.

9~10 양끝에서 3번째 줄을 기둥줄로 잡고 V모양으로 사선 감아매기 합니다.

11 양끝에서 2번째 줄을 기둥줄로 잡고 V모양으로 사선 감아매기 합니다.

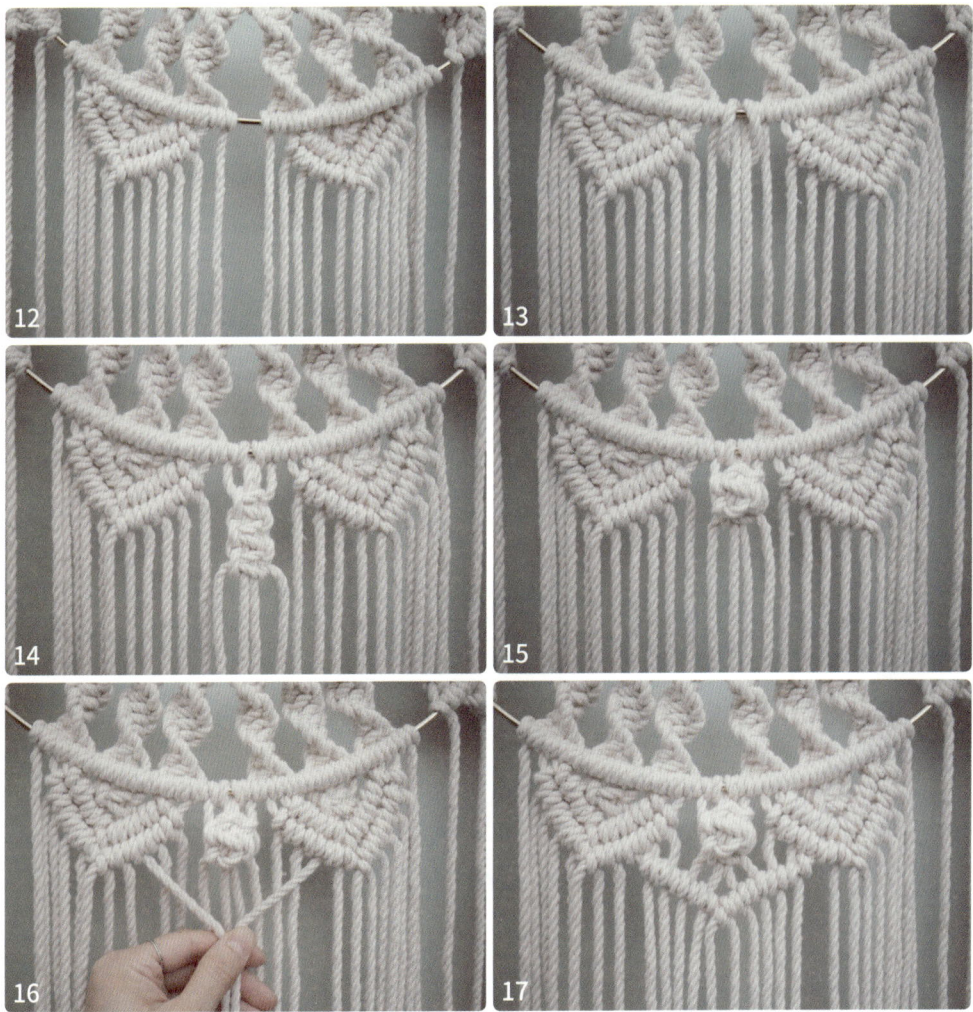

12 나머지 줄도 12줄을 한 세트로 잡고 **8**번부터 **11**번까지의 과정을 9번 더 반복합니다.

13 80cm 줄 1개를 두 감아매기 매듭 사이의 링에 뒷면 종달새머리 매듭으로 추가합니다.

14 추가한 2줄을 기둥줄로 잡고 양옆의 줄을 엮음줄로 하여 평 매듭을 3개 만듭니다.

15 기둥줄을 뒤로 넘겨서 버블 매듭을 만듭니다.

16~17 버블 매듭에서부터 양쪽으로 각각 세 번째 줄을 기둥줄로 잡고, V모양으로
  사선 감아매기 합니다.

18 그 다음 줄을 기둥줄로 잡고, V모양으로 사선 감아매기 합니다.

19 나머지 80cm 9줄도 같은 방법으로 금속 링에 연결하여 버블 매듭을 만듭니다.

      매듭에서 3cm를 남기고 모양을 내어 잘라줍니다.

20 전체적으로 빗질하여 꼬인 부분을 풀어주면 완성입니다.

부엉이 벽장식
Owl Wall Hanging

가로 23cm, 세로 50cm 길이의 부엉이 벽장식입니다.

부엉이는 복과 재물을 가져온다고 하여 많은 사람에게 사랑받는 새입니다.

조금 복잡해 보이지만 대부분 버블 매듭과 감아매기를 반복하는 패턴이기 때문에 줄만 헷갈리지 않는다면 어렵지 않게 만들 수 있습니다.

♡ **재료**

4mm(90합) 줄 68m

25cm 유목 1개

지름 6cm, 안지름 4cm 우드링 2개

지름 2cm, 안지름 1cm 우드비즈 1개

♡ **매듭법**

종달새머리 매듭

수평 감아매기

평 매듭

감아매기

버블 매듭

평 매듭 세닛

수직 종달새머리 매듭

랩 매듭

한 매듭

♡ **미리 준비해주세요.**

300cm 4줄

400cm 12줄

80cm 3줄

60cm 2줄

200cm 2줄(부엉이 눈)

♡ 만드는 방법

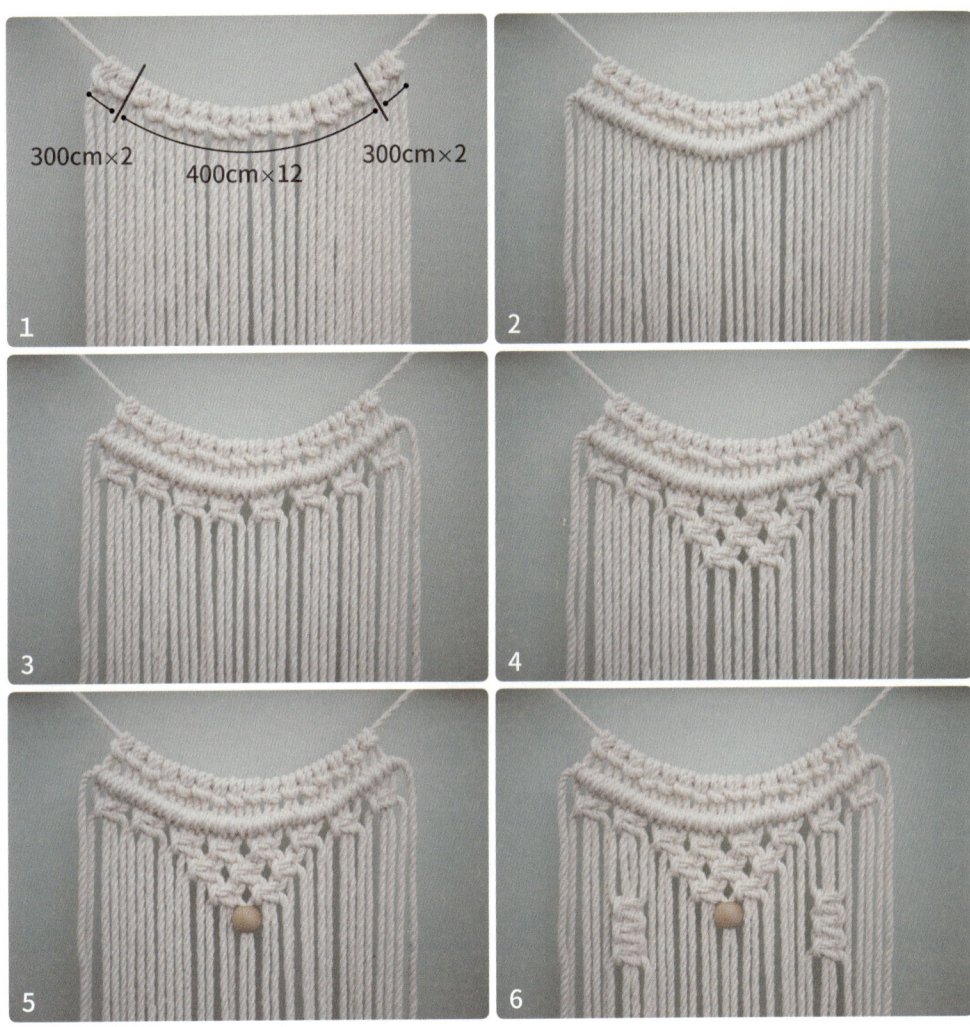

1 80cm 줄의 가운데에 400cm 줄 12개를 반으로 접어 종달새머리 매듭으로 걸어줍니다.
  400cm 줄의 양옆에 300cm 줄을 각 2줄씩 나눠 걸어줍니다.

2 60cm 줄을 기둥줄로 잡고 32개의 줄을 엮음줄로 하여 수평 감아매기 합니다.

3 매듭 아래에 평 매듭을 8개 합니다.

4 가운데 4개의 평 매듭에서 양끝의 줄을 2줄씩 줄여가며 교차 평 매듭을 2줄 합니다.

5 두 평 매듭의 안쪽 2줄에 우드비즈를 꿰어서 부엉이 코를 만들어 줍니다.

6 양쪽 끝에서 4줄을 남기고 그 다음 4줄로 평 매듭을 각각 3개씩 만듭니다.

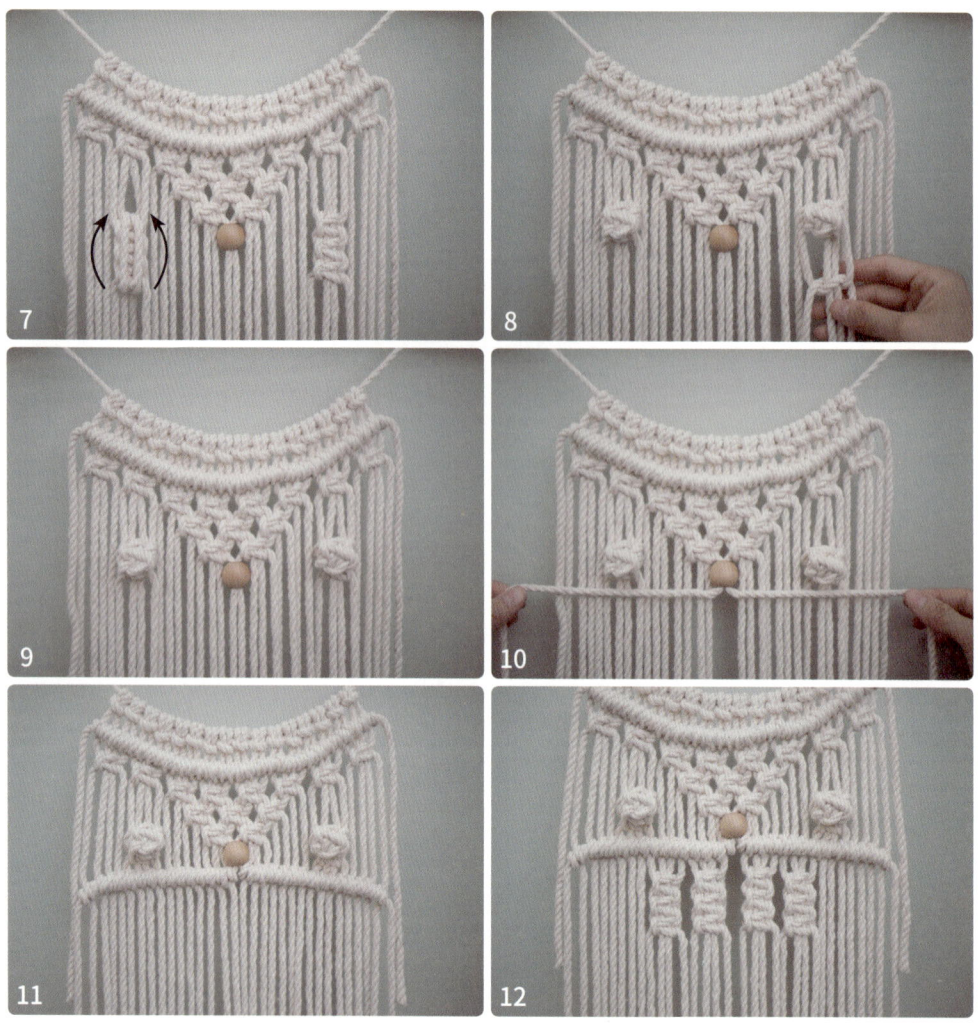

7~9 버블 매듭으로 부엉이 눈을 표현합니다.

10~11 우드비즈를 꿰었던 2줄을 기둥줄로 양쪽으로 잡고, 수평 감아매기 합니다.

12~13 0.5cm 아래의 가운데 16줄로 버블 매듭을 4개 만듭니다.

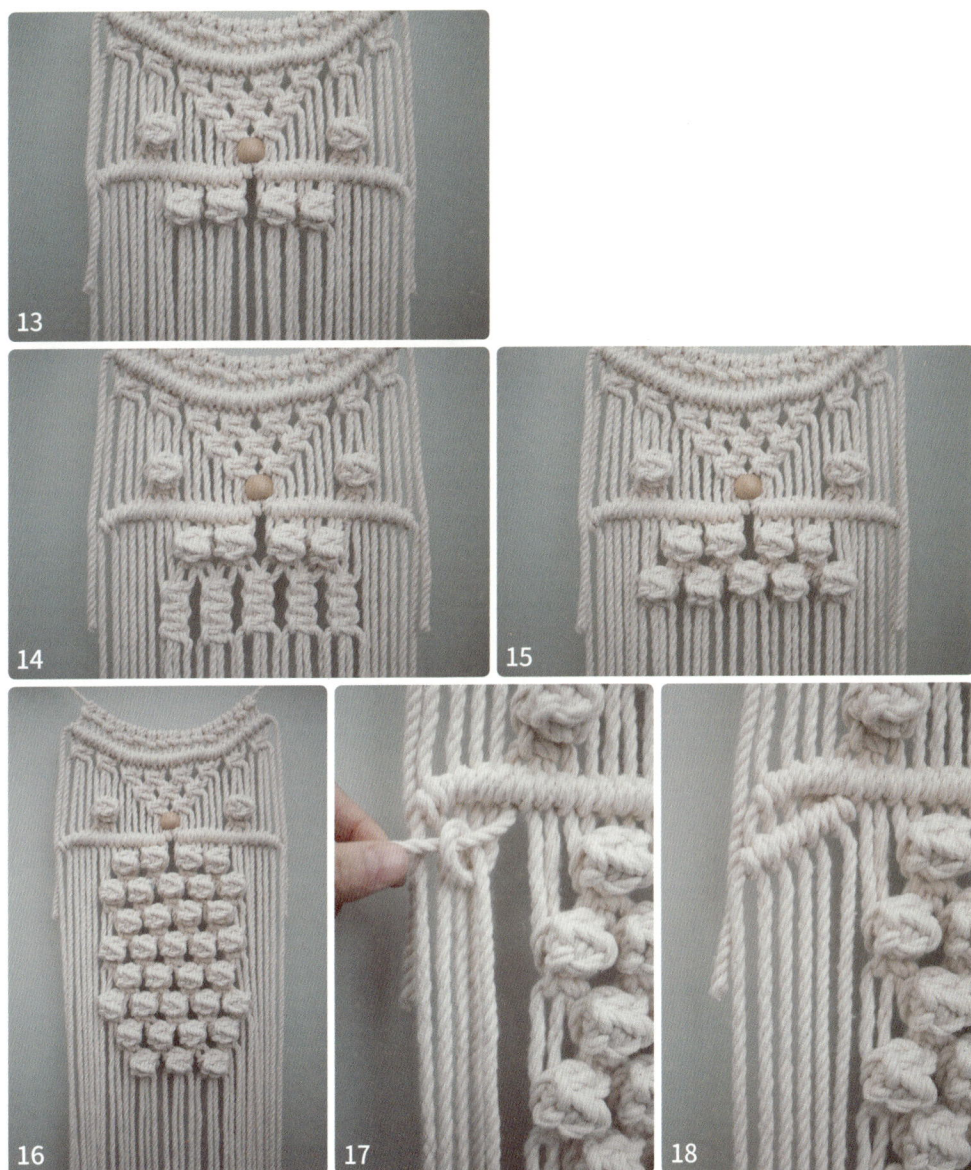

12~13 0.5cm 아래의 가운데 16줄로 버블 매듭을 4개 만듭니다.

14~15 다시 0.5cm 아래에 교차 평 매듭으로 버블 매듭을 5개 만듭니다.

16 12번부터 **15**번까지의 과정을 반복하여 부엉이 배를 입체적으로 표현해 줍니다. 8번째 줄은 3개의 버블 매듭으로 마무리합니다.

17~18 양쪽 끝에 남은 6줄로 사선 감아매기 하여 날개를 표현합니다. 가장 안쪽 줄을 기둥줄로 잡고 나머지 5줄을 엮음줄로 사용합니다.

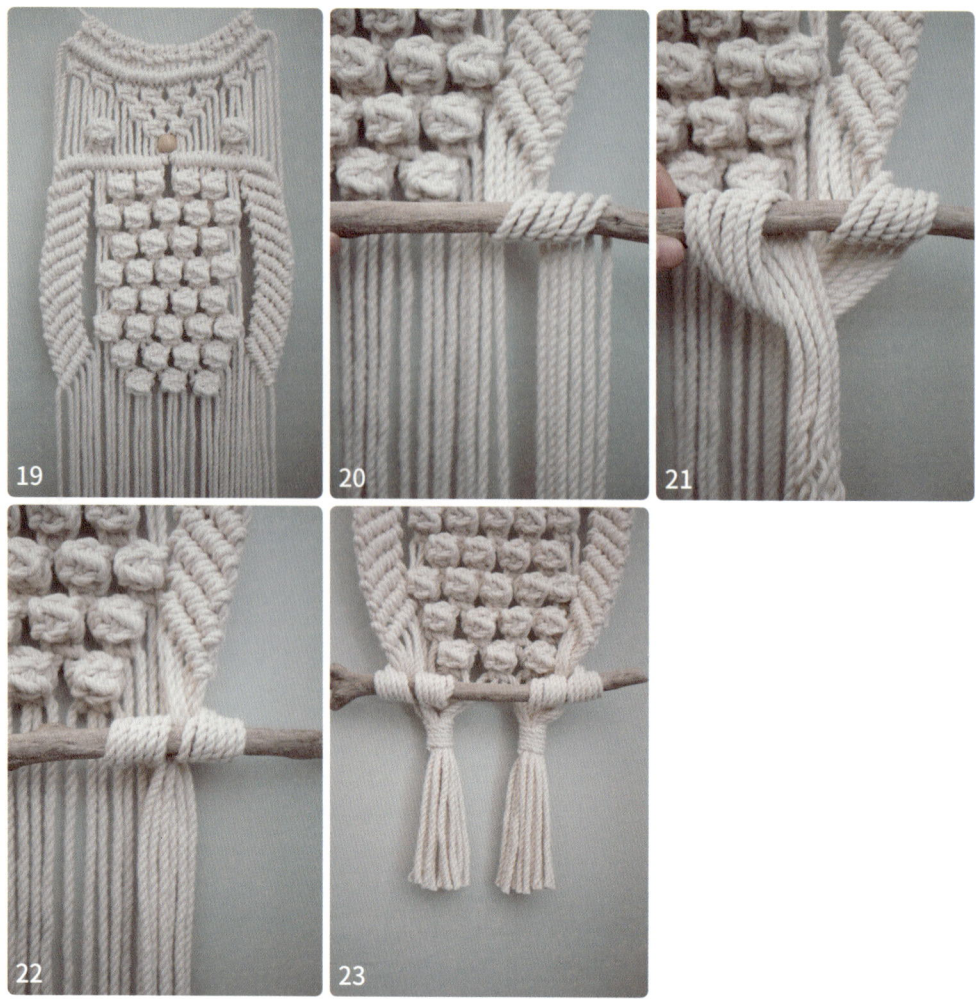

19 부엉이의 양 날개를 완성했습니다.

20~22 날개를 만들었던 6줄을 목봉에 수평 감아매기 합니다.

23 80cm 줄 2개로 전체 줄을 반으로 나누어 랩 매듭으로 묶어줍니다.

24 60cm 줄을 처음 기둥줄로 사용한 80cm 줄에 걸어서 한 매듭으로 고정하고, 전체적으로 줄을 가운데로 조입니다.

25~26 처음에 기둥줄로 사용한 80cm, 60cm 줄을 수평 감아매기로 연결합니다.

27 적당한 길이로 자르고 매듭을 풀어서 눈썹을 연출합니다.

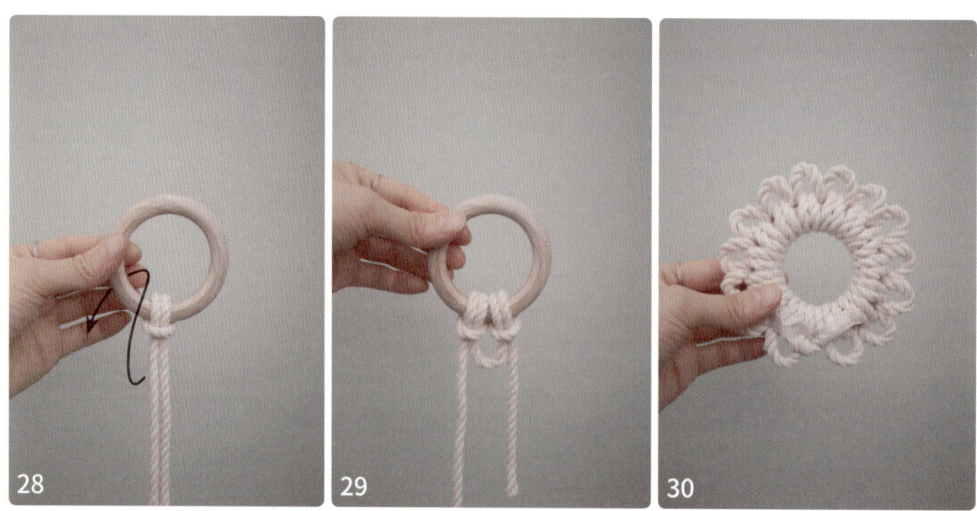

* 부엉이 눈 만들기

수직 종달새머리 매듭과 피코 매듭을 응용하여 눈꽃 모양으로 만들었습니다.

28 우드링에 200cm 줄의 한쪽을 짧게 하여 종달새머리 매듭으로 걸어줍니다.

29 긴 줄을 사용하여 수직 종달새머리 매듭을 14번 반복합니다.

    이때 매듭 사이에 피코 고리가 만들어지도록 일정한 간격을 두고 매듭을 합니다.

30 매듭을 하고 남은 줄은 뒤로 보내서 종이테이프를 붙이거나 글루건으로 고정합니다.

31 부엉이 눈 위치에 실로 꿰매어 완성합니다.

레이어드 월행잉
Layered Wall Hanging

물결 패턴을 응용한 가로 50cm, 세로 70cm의 벽장식입니다.
서로 다른 두 개의 월행잉을 앞뒤로 레이어드하면 더욱 입체적이고 풍성한 느낌을 연출할 수 있습니다.

♡ **재료**

5mm(150합) 면 로프 81m

50cm 목봉 1개

♡ **매듭법 & 패턴**

종달새머리 매듭

평 매듭

수평 감아매기

사선 감아매기

마름모 패턴

물결 패턴

♡ **미리 준비해주세요.**

* 뒷면 레이어드

220cm 2줄

190cm 18줄

* 앞면 레이어드

340cm 8줄

50cm 30줄

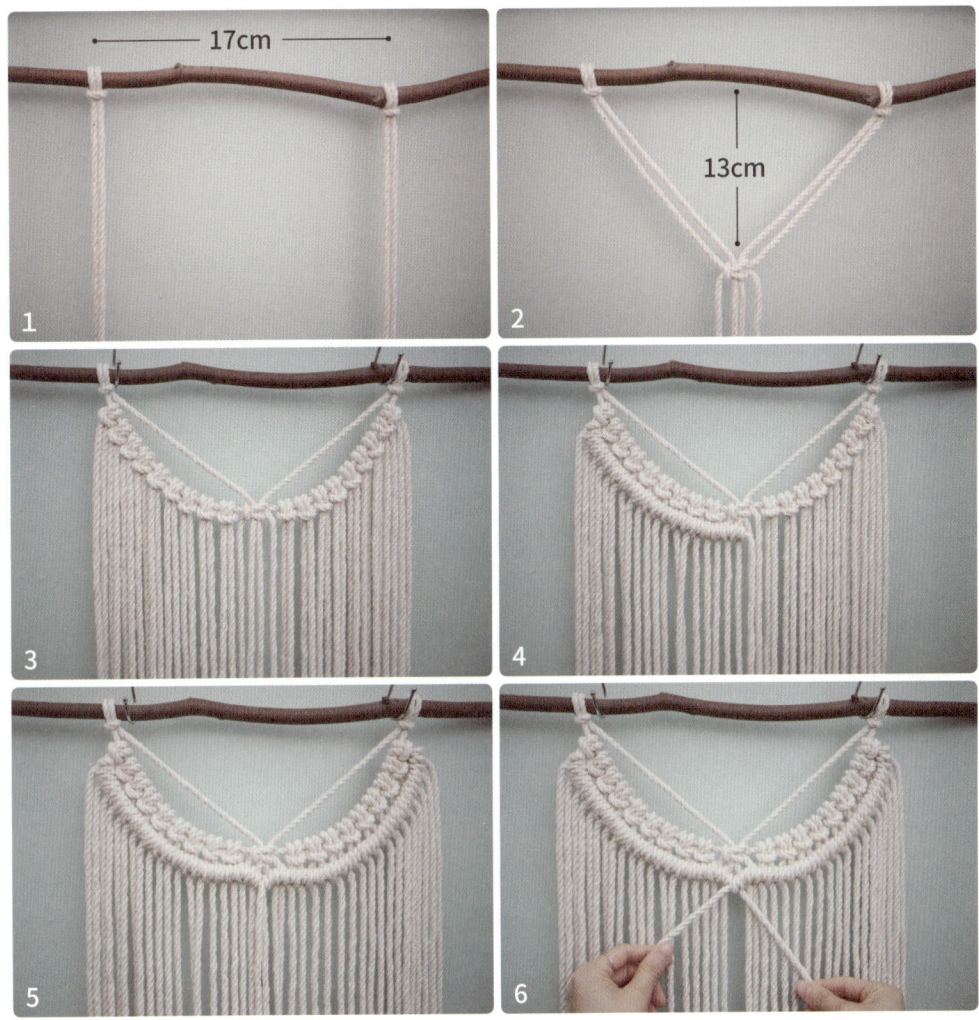

* 뒷면 레이어드

1 목봉에 220cm 줄 2개를 반으로 접어서 17cm 간격을 두고 종달새머리 매듭으로 걸어줍니다.

2 목봉에서 13cm 아래에서 4줄을 가운데로 모아 평 매듭으로 연결합니다.

3 190cm 줄을 반으로 접어서 양쪽에 각 9줄씩 종달새머리 매듭으로 걸어줍니다.

4 왼쪽 끝줄을 기둥줄로 잡고 나머지 19줄을 엮음줄로 하여 수평 감아매기 합니다.

5 오른쪽 끝줄을 기둥줄로 잡고 나머지 19줄을 엮음줄로 하여 수평 감아매기 합니다.

6 두 기둥줄끼리 감아매기 합니다. 기둥줄과 엮음줄은 임의로 정합니다.

7 두 기둥줄을 ㅅ모양으로 잡고, 가운데 8줄로 각 4번씩 사선 감아매기 합니다.

8 2줄씩 네 묶음으로 줄을 잡고 왼쪽과 오른쪽 줄을 번갈아가며 X자로 교차합니다. 네 줄 땋기 매듭을 응용합니다.

9 기둥줄을 V모양으로 사선 감아매기 하여 다이아몬드 모양을 만들어줍니다.

10 끝에서 7줄을 남기고 그다음 4줄로 평 매듭을 하나 만듭니다.

11 2줄씩 교차 평 매듭을 해서 마름모 패턴을 만듭니다.

12 좌우 대칭이 되도록 반대쪽에도 마름모 패턴을 만들면 뒷면 레이어드는 완성입니다.

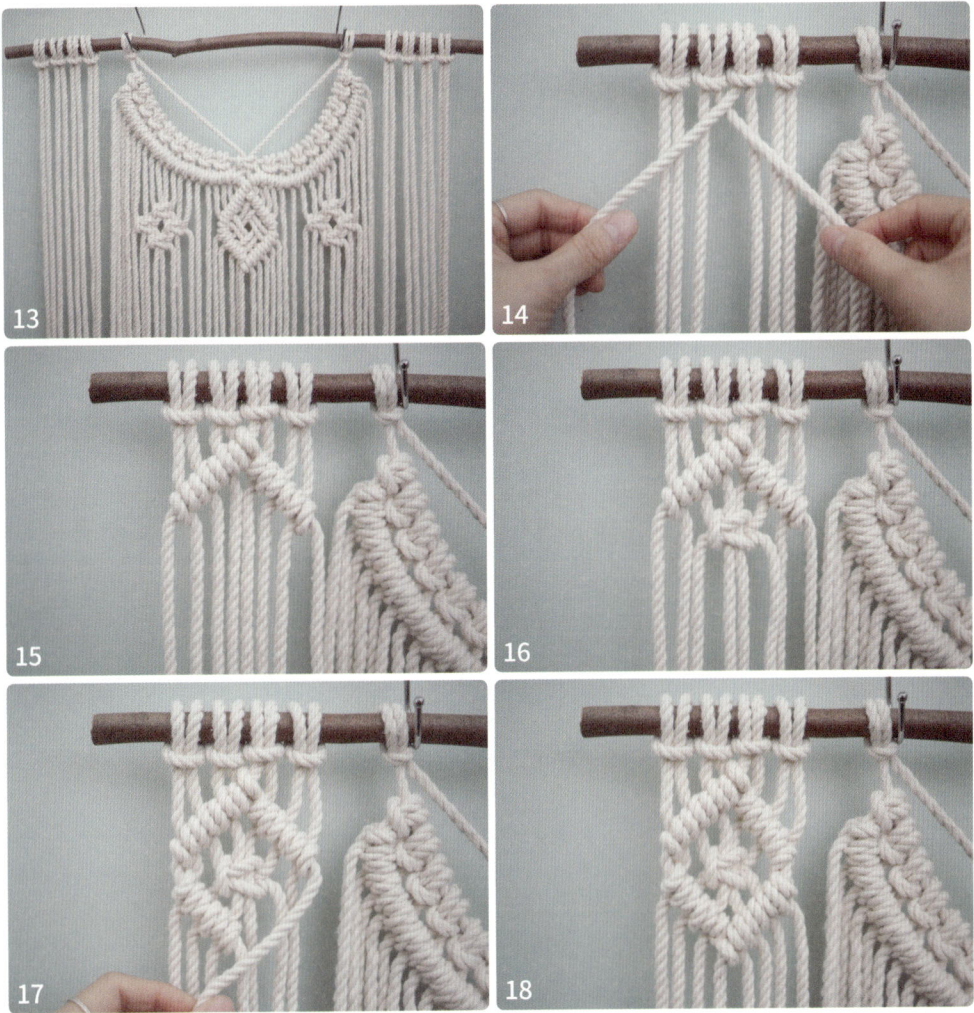

* 앞면 레이어드

13 340cm 줄 8개를 반으로 접어 뒷면 레이어드 양옆에 종달새머리 매듭으로 4줄씩
걸어줍니다.

14 가운데 두 줄을 기둥줄로 잡고 서로 교차하여 감아매기를 합니다.

15 ㅅ모양으로 내려오도록 사선 감아매기 합니다.

16 가운데 4줄로 평 매듭을 만듭니다.

17 V모양으로 내려오도록 사선 감아매기 합니다.

18 두 기둥줄을 감아매기 하여 서로 연결합니다. 기둥줄과 엮음줄은 임의로 정합니다.

19 14번부터 18번까지의 과정을 반복하여 물결 패턴을 각 5개씩 만듭니다.

20 두 물결 패턴의 안쪽 첫 번째 줄을 기둥줄로 잡습니다.

21~22 15번부터 18번까지의 과정을 반복하여 다이아몬드 패턴을 만듭니다.

23 50cm 30줄을 물결 패턴의 양쪽 가장자리 줄에 종달새머리 매듭으로 각 3줄씩 걸어줍니다.

24 밑단을 가위로 잘라 정리하면 완성입니다.

클래식 월행잉
Classic Wall Hanging

가로 100cm, 세로 120cm의 대형 월행잉으로 3개 패턴이 층층이 연결됩니다.
어느 공간에 걸어 놓아도 조화롭게 어울리는 심플한 디자인으로, 클래식한 느낌을 연출할 수 있습니다.

♡ **재료**

5mm(150합) 면 로프 140m
100cm 목봉 1개

♡ **매듭법 & 패턴**

종달새머리 매듭
평 매듭
교차 평 매듭
사선 감아매기
수평 감아매기
한 매듭
스위치 평 매듭
그물 패턴

♡ **미리 준비해주세요.**

380cm 36줄
90cm 3줄

1 목봉에 380cm 줄 36개를 반으로 접어서 종달새머리 매듭으로 걸어줍니다.

2 12줄이 한 세트입니다. 가장자리에서 각 2줄씩 남기고 평 매듭을 2개 만듭니다. 다시
   평 매듭에서 2줄씩 교차하여 한 개의 평 매듭을 만듭니다.

3 맨 왼쪽 줄을 기둥줄로 잡고 나머지 5줄을 엮음줄로 하여 사선 감아매기 합니다.

4 맨 오른쪽 줄을 기둥줄로 잡고 나머지 5줄을 엮음줄로 하여 사선 감아매기 합니다.

5 두 기둥줄끼리 임의로 정한 방향으로 감아매기 합니다.

6 옆에 있는 12줄로 2번부터 5번까지의 과정을 반복합니다.

7   가운데 6줄을 기둥줄로 잡고 양옆의 줄을 엮음줄로 하여 평 매듭을 합니다.

8~9 두 패턴의 양끝에 있는 줄을 기둥줄로 잡고 V모양으로 사선 감아매기 합니다. 남아있는
     48줄로 2번부터 9번까지의 과정을 2번 더 반복합니다.

10   90cm 줄을 기둥줄로 잡고 360cm 줄을 엮음줄로 하여 수평 감아매기 합니다.

11   일정하게 수평이 되도록 감아매기한 뒤, 기둥줄의 시작과 끝을 한 매듭으로 묶어줍니다.

12   감아매기 매듭의 1cm 아래에 평 매듭을 만들고, 기둥줄과 엮음줄을 교차하여 스위치
     평 매듭을 합니다.

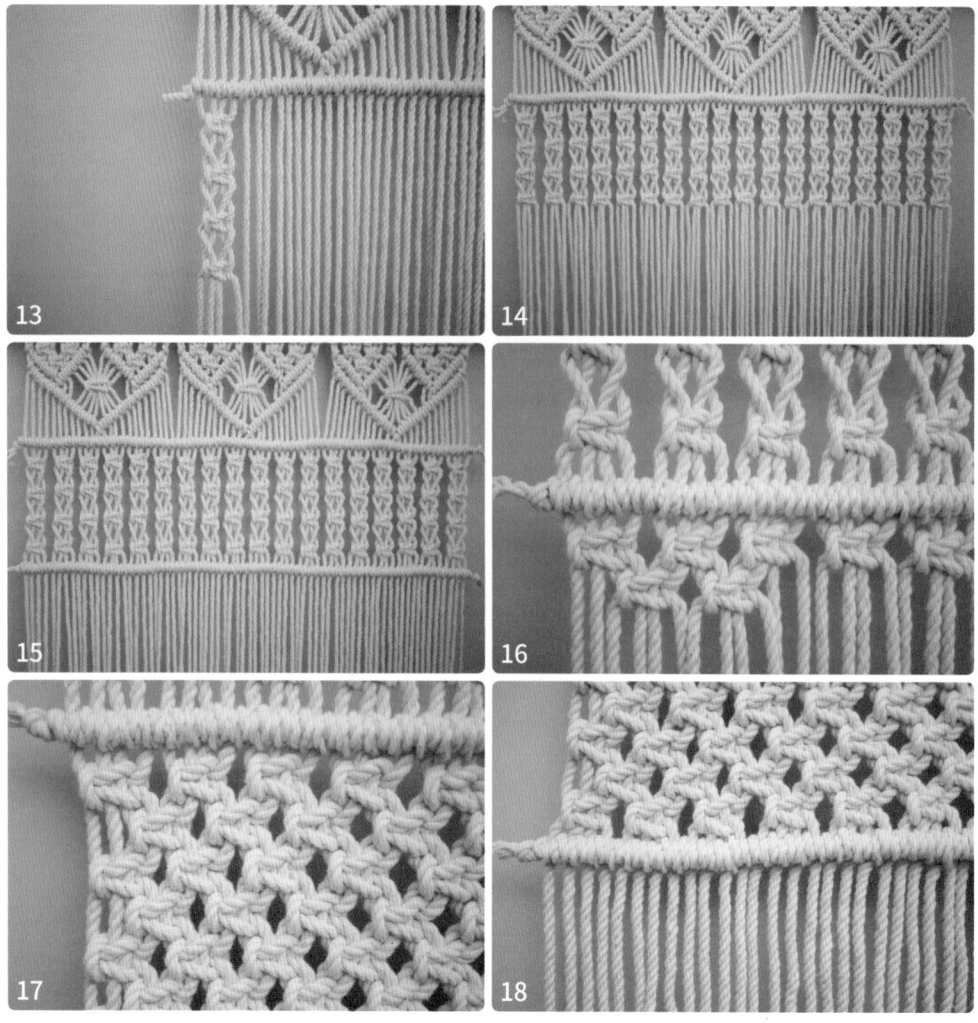

13 엮음줄과 기둥줄을 교차하며 스위치 평 매듭을 2번 더 합니다.

14 4줄씩 잡고 **12**번부터 **13**번까지의 과정을 17번 더 반복합니다.

15 1cm 아래에 90cm 줄을 기둥줄로 잡고 360cm 줄을 엮음줄로 하여 수평 감아매기 합니다.

16~17 평 매듭을 간격 없이 교차하여 총 13줄의 그물 패턴을 만듭니다.

18 90cm 줄을 기둥줄로 잡고 360cm 줄을 엮음줄로 하여 수평 감아매기 합니다.

19 기둥줄의 양끝을 한 매듭으로 묶어줍니다.

20 밑단을 모양내어 잘라서 클래식 월행잉을 완성합니다.

마크라메 백드롭
Macrame Backdrop

셀프 웨딩 촬영이나 아기 돌잔치 등 특별한 이벤트에 활용하기 좋은 가로 120cm, 세로 190cm의 모던 백드롭입니다.

평 매듭과 감아매기 매듭만 알면 차근차근 순서대로 따라하며 어렵지 않게 완성할 수 있어요.

♡ **재료**

5mm(150합) 면 줄 248m

120cm 목봉 1개

♡ **매듭법 & 패턴**

종달새머리 매듭

평 매듭

교차 평 매듭

사선 감아매기

뒷면 종달새머리 매듭

삼각형 패턴

마름모 패턴

♡ **미리 준비해주세요.**

500cm 32줄

170cm 25줄

190cm 16줄

* 앞면 레이어드

150cm 6줄

100cm 6줄

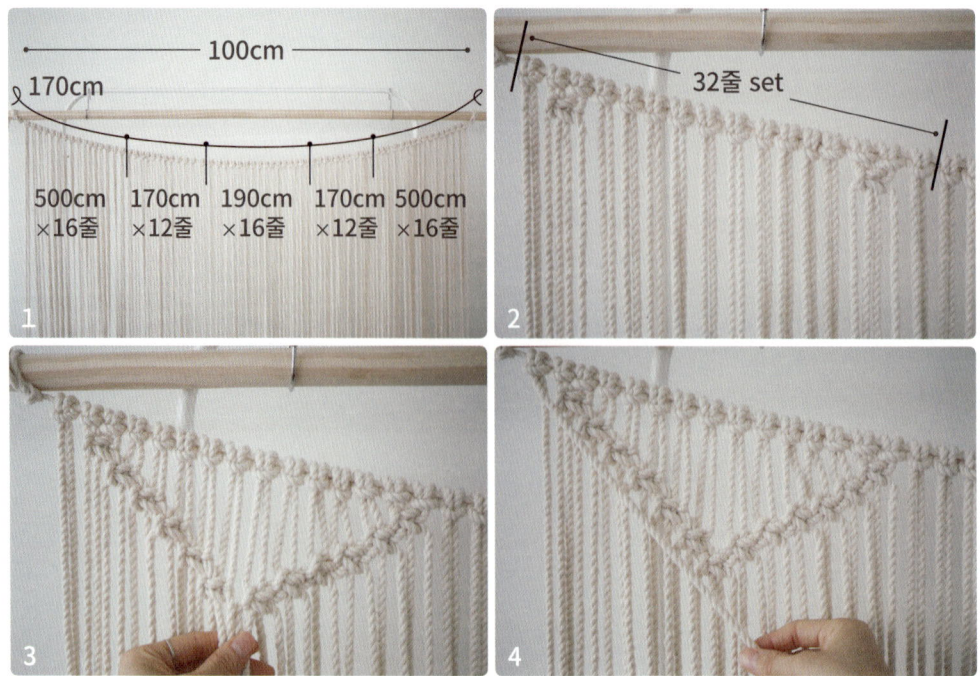

1 170cm 줄을 가로 100cm 간격을 두고 목봉에 단단히 감아매기 하여 고정합니다. 500cm
   줄을 반으로 접어 각 16개씩 기둥줄 양쪽 가장자리에 종달새머리 매듭으로 걸어줍니다.
   이어서 170cm 줄을 각 12개씩 양쪽에 걸어줍니다.
   마지막으로, 중앙에 190cm 16줄을 걸어줍니다.

2 500cm 32줄이 한 세트입니다. 양쪽 끝에서 각각 2줄씩 남기고 그다음 줄로 평 매듭을 2개
   만듭니다.

3 평 매듭의 안쪽 2줄과 그 옆의 2줄을 교차 평 매듭 하며 역삼각형 패턴으로 내려옵니다.
   가운데에서 만나는 두 평 매듭에서 2줄씩 교차하여 평 매듭으로 연결합니다.

4~5 왼쪽 끝줄을 기둥줄로 잡고 나머지 15줄을 엮음줄로 하여 사선 감아매기 합니다.

4~5 왼쪽 끝줄을 기둥줄로 잡고 남은 15줄을 엮음줄로 하여 사선 감아매기 합니다.

6 오른쪽 끝줄을 기둥줄로 잡고 남은 15줄을 엮음줄로 하여 사선 감아매기한 뒤 두 기둥줄끼리 감아매기 합니다.

7~8 양끝에 2줄씩 남기고 곡선을 그리며 V자로 사선 감아매기 합니다.

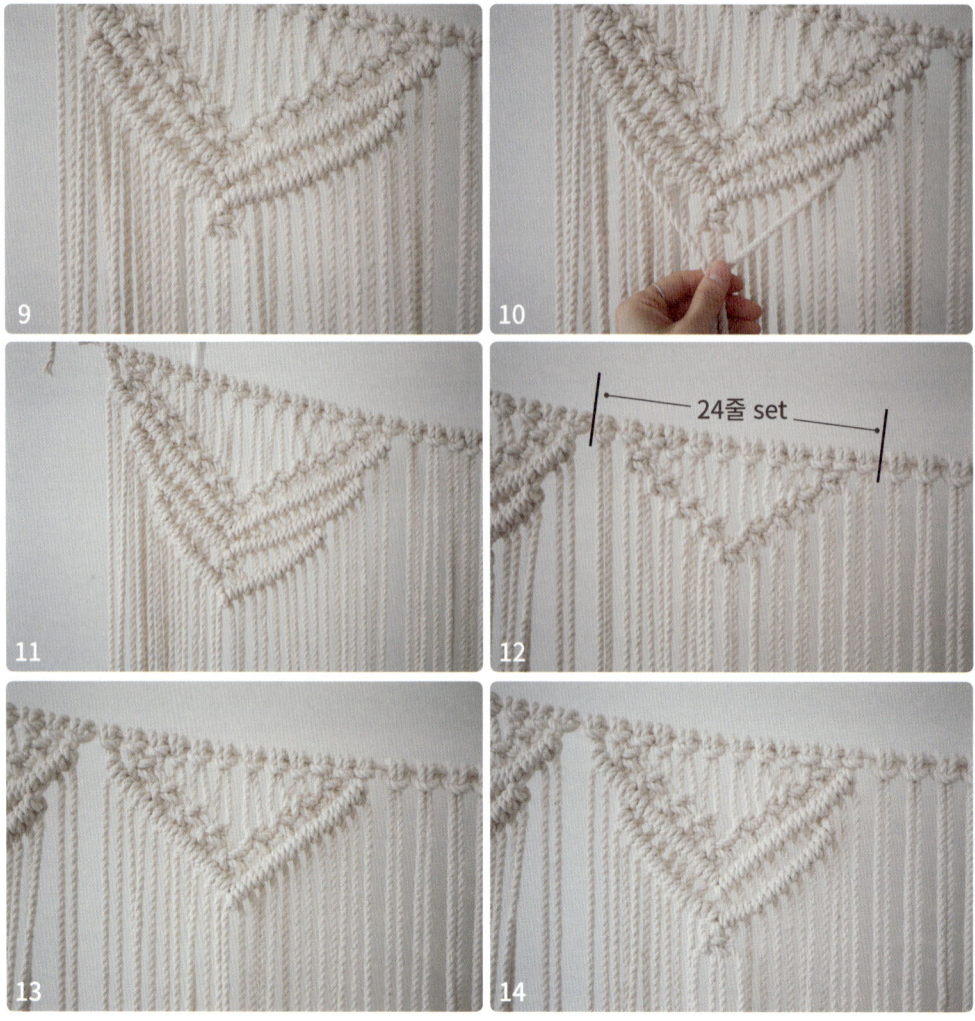

9 가운데 4줄로 평 매듭을 합니다.

10~11 양끝에서 6줄을 남기고 V모양으로 사선 감아매기 합니다.

12 170cm 24줄이 한 세트입니다. 양쪽 끝에서 2줄씩 남기고 교차 평 매듭으로 역삼각형
패턴을 만듭니다.

13 양 끝줄을 기둥줄로 잡고 V모양으로 사선 감아매기 합니다.

14 양끝에 2줄씩 남기고 곡선을 그리며 사선 감아매기 한 뒤, 가운데 4줄로 평 매듭을 합니다.

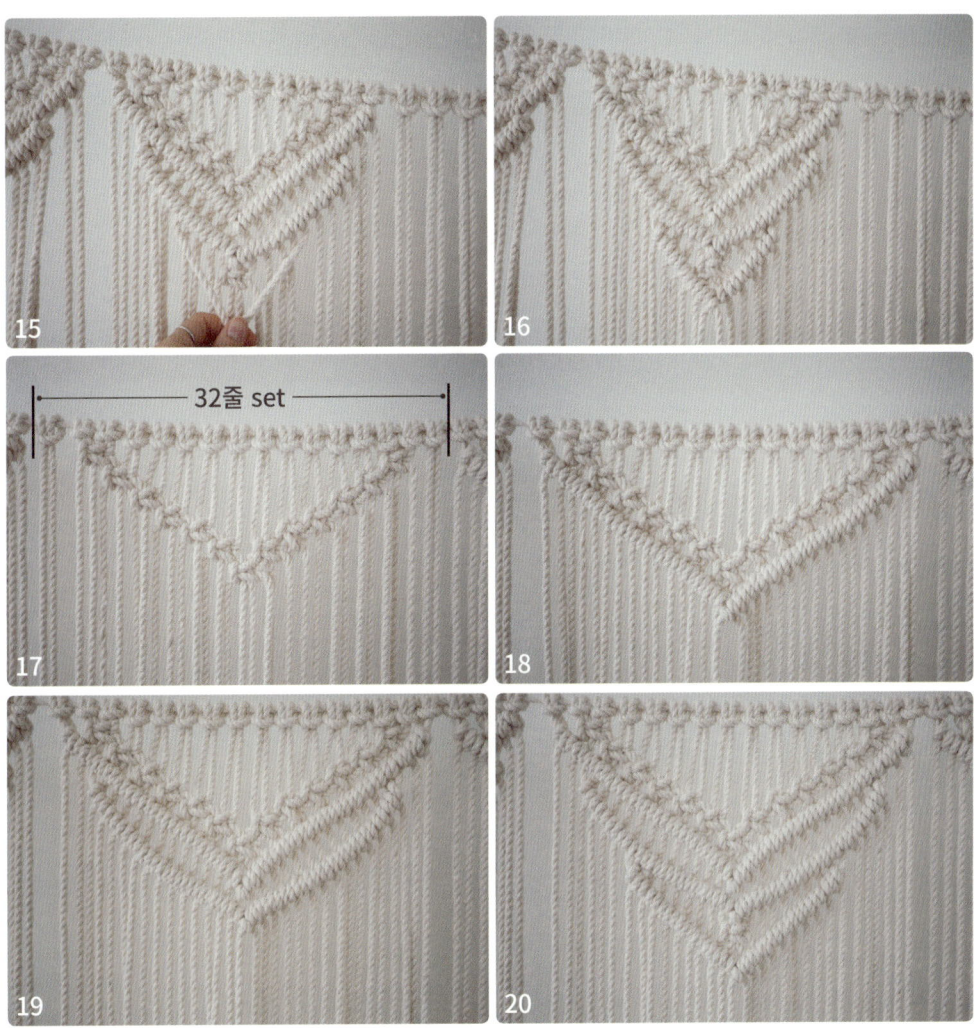

15~16 양끝에서 6줄을 남기고 V모양으로 사선 감아매기 합니다.

17~20 가운데 190cm 32줄이 한 세트입니다. **2**번부터 **11**번까지의 순서를 반복합니다.

21 좌우 대칭이 되도록 2번부터 16번까지의 과정을 반복합니다.

22~23 각 감아매기 매듭 사이의 8줄로 평 매듭을 교차하며 마름모 패턴을 만듭니다.

24 170cm 줄의 감아매기 매듭 기둥줄에 150cm 줄을 추가하여 엮음줄로 잡고 평 매듭을 합니다.

25 평 매듭을 했던 엮음줄에 150cm 줄을 반으로 접어서 뒷면 종달새머리 매듭으로 걸어줍니다.

26 오른쪽 엮음줄에도 동일하게 걸어줍니다.

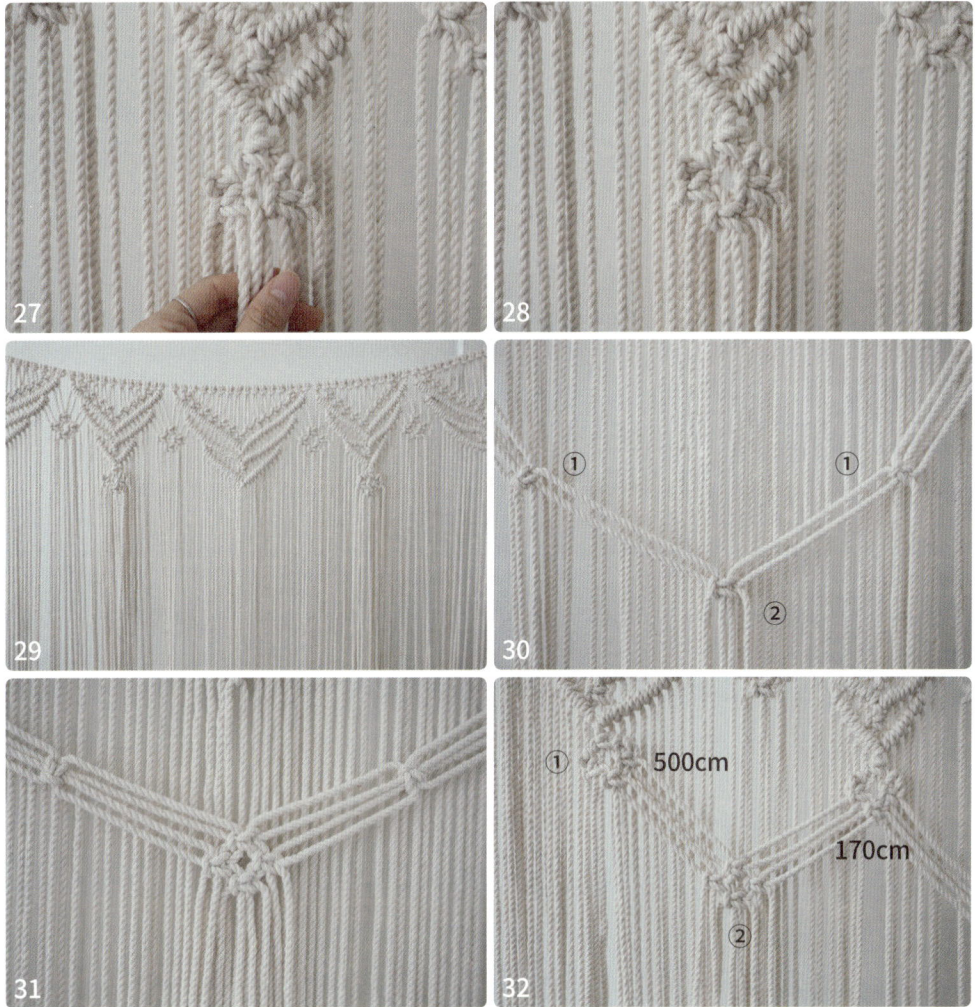

27 평 매듭을 나란히 2개 만듭니다.

28 두 평 매듭에서 2줄씩 교차하여 평 매듭을 만들면 마름모 패턴이 만들어집니다.

29 좌우 대칭이 되도록 나머지 170cm 줄에 24번부터 28번까지의 과정을 반복합니다.

30 ① 두 마름모 패턴에서 13cm 아래에 안쪽 4줄로 평 매듭을 합니다.

　② 두 평 매듭에서 안쪽 2줄을 가져와서 중앙에 평 매듭을 합니다.

31 ①번의 두 평 매듭의 바깥줄을 가져와서 ②번 평 매듭에 교차 평 매듭으로 마름모 패턴을
만듭니다.

32 ① 500cm 줄의 감아매기 매듭 기둥줄에 100cm 줄을 3개 추가하여 마름모 패턴의
평 매듭을 만듭니다.

　② 500cm, 170cm의 두 마름모 패턴에서 각 4줄씩 가져와 중앙에 마름모 패턴을 만듭니다.

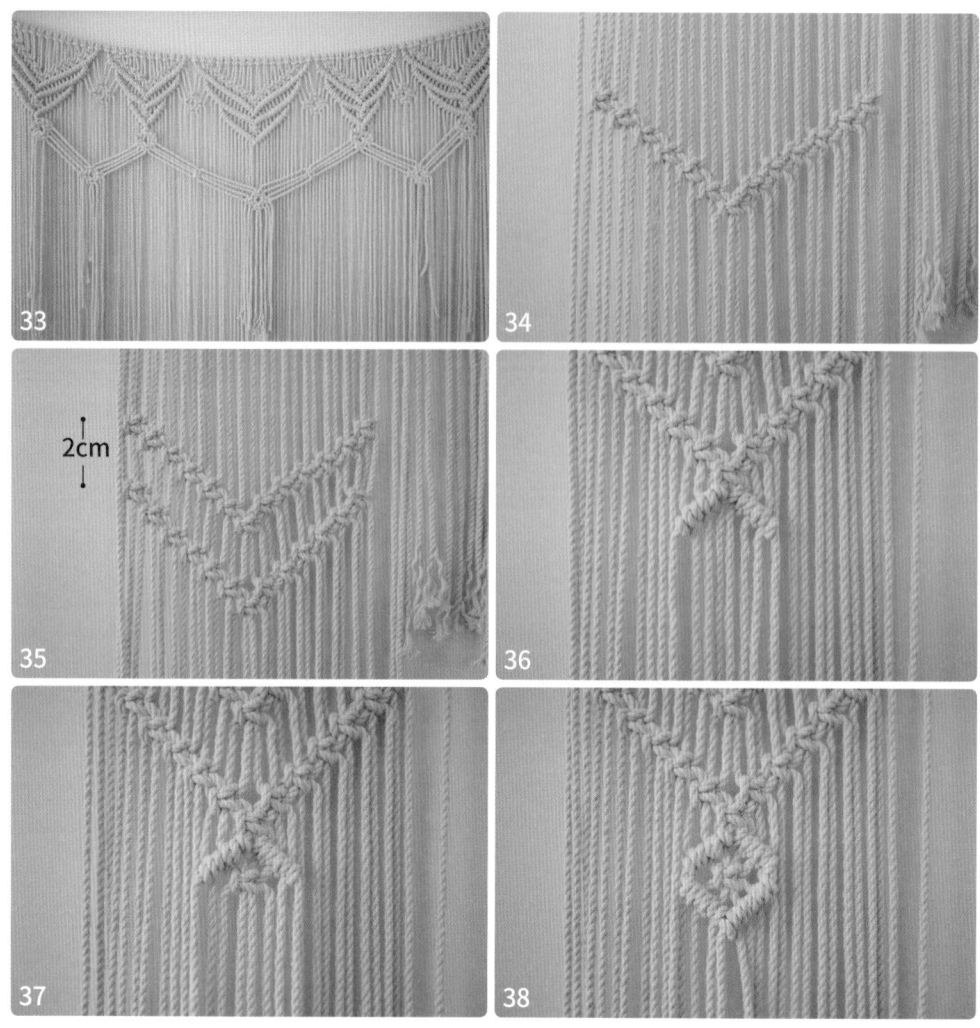

33 양쪽 패턴이 동일하도록 만들어줍니다.

34 500cm 줄의 양끝에서 1줄씩 남겨두고 목봉에서 90cm 아래에 교차 평 매듭으로
역삼각형 패턴을 만듭니다.

35 2cm 아래에 평 매듭을 교차하여 역삼각형 패턴을 하나 더 만듭니다.

36 평 매듭의 기둥줄 2개를 잡고 ㅅ모양으로 양쪽에 4번씩, 8번 사선 감아매기 합니다.

37 가운데 4줄로 평 매듭을 만듭니다.

38 기둥줄을 잡고 V모양으로 사선 감아매기 하여 마름모 패턴이 되도록 연결합니다.

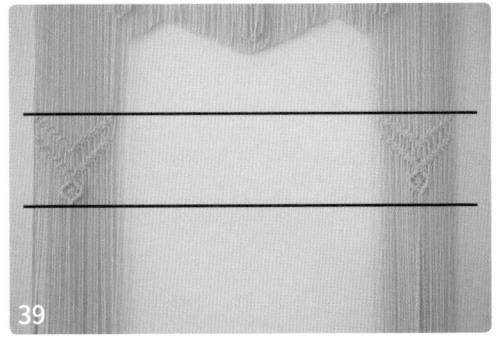

39 좌우 대칭이 되도록 반대쪽도 동일하게 매듭을 엮습니다.

40 모양을 내어 자르고 끝의 꼬인 부분을 자연스럽게 풀어주면 완성입니다.

마크라메 소품

마크라메로 월행잉이나 행거 외에도 다양한 소품을 만들 수 있어요.

샹들리에나 네트백, 테이블 매트나 캔들 홀더 등 실생활에서 자주 쓰이고 사용할 수 있는 인테리어 소품을 소개합니다.

네트 백
Net Bag

그물 패턴으로 만드는 길이 50cm, 너비 35cm의 귀여운 네트 백으로 가벼운 짐을 넣어서 들고 다니기에 좋습니다.

♡ 재료

3.5mm(60합) 면 로프 68m

60cm 목봉

♡ 매듭법 & 패턴

평 매듭

교차 평 매듭

랩 매듭

세 줄 땋기 매듭

수직 종달새머리 매듭

그물 패턴

♡ 미리 준비해주세요.

190cm 32줄

80cm 4줄(랩 매듭)

170cm 2줄(수직 종달새머리 매듭)

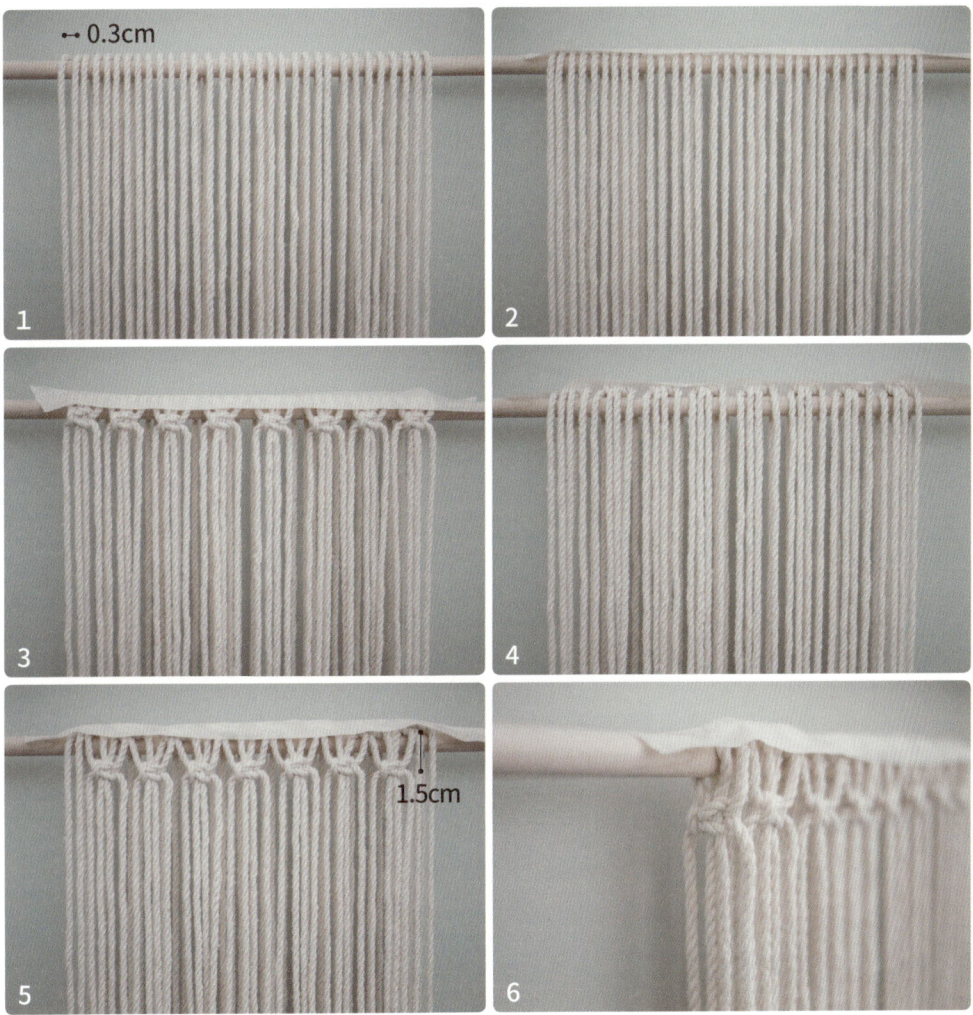

1 190cm 줄 32개를 가로로 0.3cm 간격으로 목봉에 걸어줍니다.

2 종이테이프로 줄이 움직이지 않도록 임시 고정합니다.

3~4 평 매듭을 나란히 8개 만들고, 매듭이 목봉의 상단에 오도록 위치를 조정합니다.
     종이테이프를 평 매듭 위에 붙여서 줄을 다시 고정합니다.

5 양쪽 끝의 2줄을 남겨두고, 평 매듭에서 1.5cm 아래에 2줄씩 교차하여 새로운 평 매듭을
  만듭니다.

6~7 양쪽 끝의 2줄은 목봉 반대편에 있는 2줄과 모아서 평 매듭을 합니다.

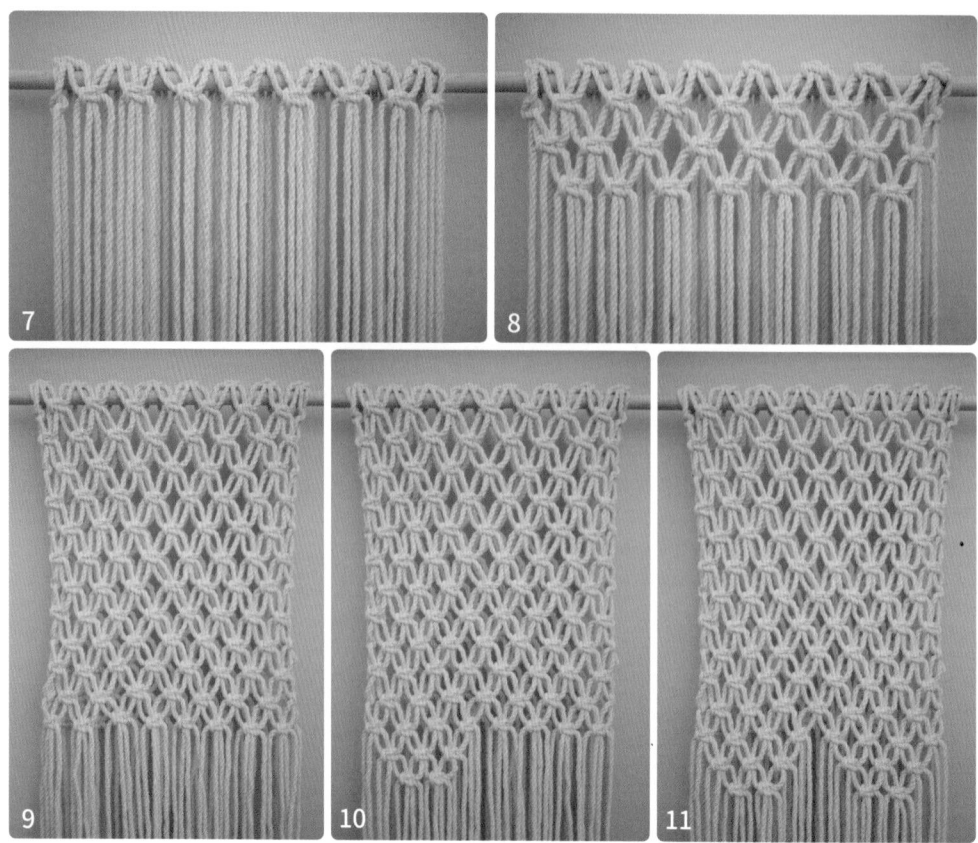

6~7 양쪽 끝의 2줄은 목봉 반대편에 있는 2줄과 모아서 평 매듭을 합니다.

8 1.5cm 간격으로 교차 평 매듭을 2줄 더 만들고 목봉 반대쪽도 똑같이 교차 평 매듭을 합니다.

9 앞뒤가 동일하게 각 12줄의 그물 패턴을 만듭니다.

10 4개의 평 매듭에서 양쪽 끝의 2줄씩 남겨두고 교차 평 매듭하여 3개의 평 매듭을 만들고, 다시 2줄씩 남겨두고 교차 평 매듭하여 2개의 평 매듭을 만듭니다.

11 좌우 대칭이 되도록 동일하게 매듭을 엮습니다.

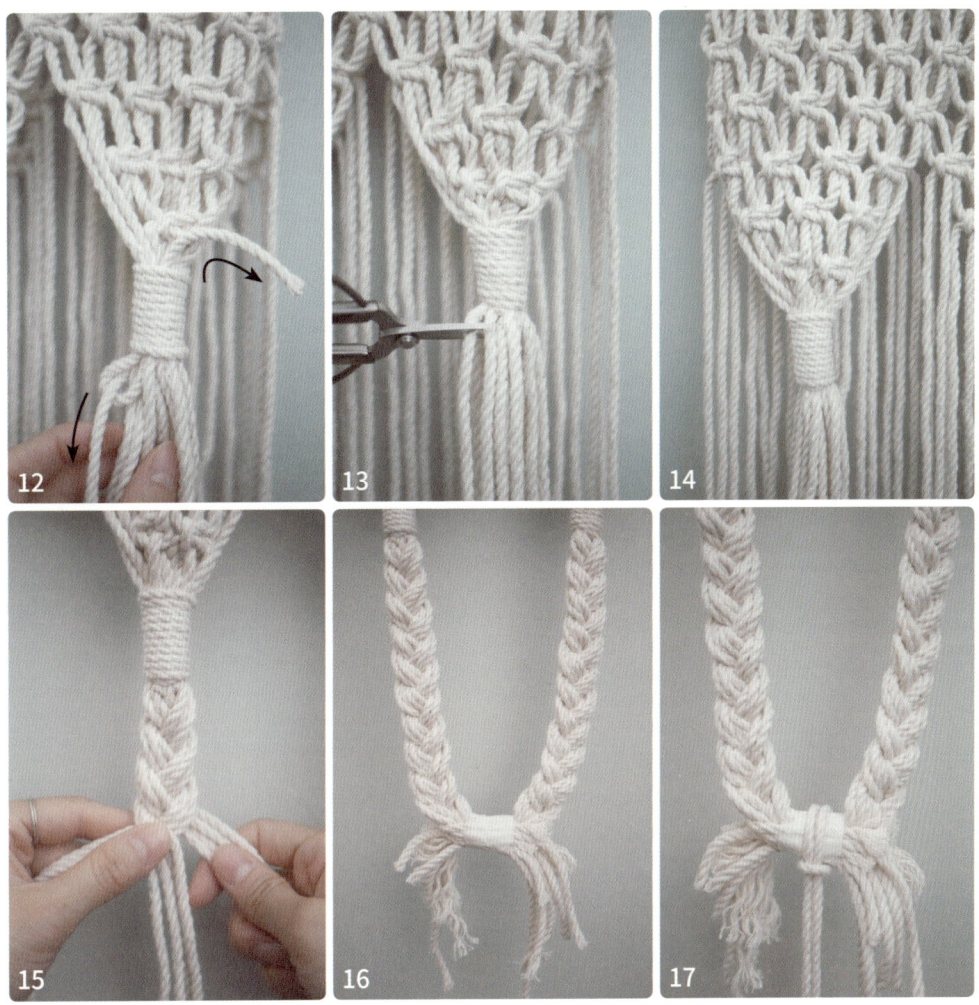

12 각각 16줄씩 잡고 80cm 줄을 사용하여 약 10~12번 랩 매듭으로 감아줍니다.

13~14 랩 매듭 길이에 맞춰서 16줄 중에 4줄을 자릅니다.

15 4줄씩 3등분하여 세 줄 땋기 매듭을 12~13번 합니다.

16 남아있는 줄도 **12**번부터 **15**번까지의 과정을 반복합니다. 양쪽 손잡이 길이를 맞추고
종이테이프로 고정해줍니다.

17 170cm 줄을 반으로 접어서 손잡이 중심에 종달새머리 매듭으로 걸어줍니다.

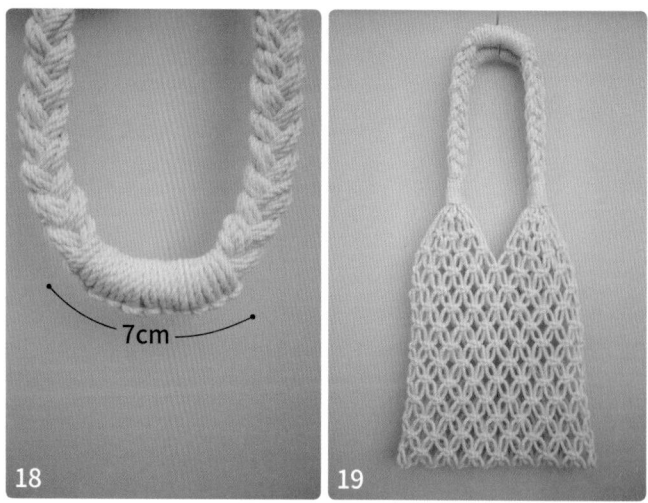

18 수직 종달새머리 매듭으로 약 7cm 길이가 되도록 감아주고 빠져나온 줄은 잘라서
   정리합니다.

19 반대편도 길이를 맞춰서 매듭을 엮어주면 완성입니다.

바구니 커버
Basket Cover

전체 길이 50cm의 바구니 커버입니다.

왕골 바구니는 그 자체로도 매력적이지만 마크라메로 커버를 씌워주면 따뜻하고 색다른 분위기를 연출할 수 있습니다.

비슷한 사이즈의 화분이나 유리병 커버로도 활용이 가능합니다.

♡ **재료**

5mm(150합) 극세사 로프 44m

지름 18cm, 높이 20cm 왕골 바구니

♡ **매듭법 & 패턴**

종달새머리 매듭

평 매듭

교차 평 매듭

사선 감아매기

버블 매듭

그물 패턴

♡ **미리 준비해주세요.**

100cm 1줄 (기둥줄)

90cm 36줄 (엮음줄)

80cm 5줄 (버블 매듭)

20cm 30줄

♡ **만드는 방법**

1 60cm 목봉에 종이테이프로 100cm 줄을 고정시킵니다.

　　tip) 여기서는 목봉을 사용했지만 벽이나 행거에 고정해도 무관합니다.

2 기둥줄에 90cm 줄 36개를 반으로 접어서 종달새머리 매듭으로 걸어줍니다.

3 간격을 두지 않고 교차 평 매듭을 3줄 해서 그물 패턴을 만듭니다.

4 3개의 평 매듭 12줄이 한 세트입니다. 가운데 4줄을 기둥줄로 잡고 양옆의 각 2줄을
　　엮음줄로 하여 평 매듭을 합니다.

5~6 양쪽 끝줄을 기둥줄로 잡고 V모양으로 사선 감아매기 합니다.

7   12줄씩 잡고 **4**번부터 **6**번까지의 과정을 5번 더 반복합니다.

8   두 감아매기 매듭의 기둥줄을 하나씩 가져와서 가운데로 모아줍니다.

9~10 80cm 줄을 엮음줄로 추가하여 버블 매듭을 만듭니다.

11   동일한 방법으로 버블 매듭을 4개 더 만듭니다.

12   전체 세로 길이가 16cm가 되도록 자릅니다. 버블 매듭 줄은 2cm 더 길게 자릅니다.

13 20cm 줄을 반으로 접어서 버블 매듭 줄에 종달새머리 매듭으로 걸어줍니다.

14~15 하나의 버블 매듭 양옆에 각 3줄씩 총 6줄을 걸어주고, 나머지 버블 매듭에도 줄을
동일하게 걸어줍니다.

16 바구니를 커버로 감싸서 묶어주면 완성입니다.

테이블 매트
Table Mat

가로 40cm, 세로 30cm의 테이블 매트입니다.

누군가를 집에 초대했거나 특별한 분위기를 내고 싶은 날, 테이블에 마크라메 매트를 사용하면
평소보다 훨씬 산뜻한 티타임과 근사한 디너타임을 연출할 수 있습니다.

♡ **재료**

4mm(90합) 면 로프 54m

♡ **매듭법 & 패턴**

종달새머리 매듭

평 매듭

교차 평 매듭

사선 감아매기

수평 감아매기

수직 감아매기

마름모 패턴

♡ **미리 준비해주세요.**

260cm 16줄

40cm 2줄

25cm 40줄

60cm 2줄

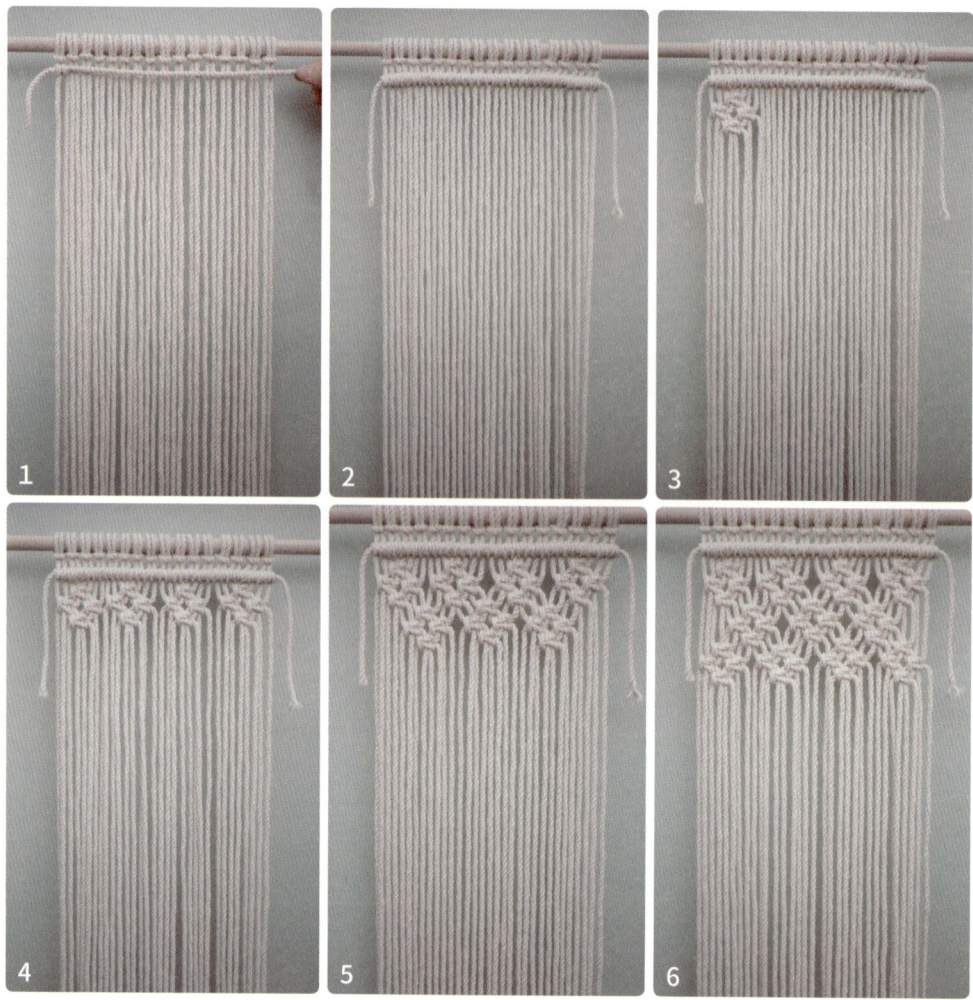

1 50cm 목봉에 220cm 줄 16개를 반으로 접어서 종달새머리 매듭으로 걸어줍니다.

2 매듭에서 1cm 아래에 40cm 줄을 기둥줄로 하여 수평 감아매기 합니다.

3 8줄로 평 매듭을 교차하여 사진과 같이 마름모 패턴을 만듭니다.

4 같은 높이에 마름모 패턴을 3개 더 만듭니다.

5 두 마름모 패턴 사이의 8줄을 교차 평 매듭 하여 마름모 패턴을 3개 만듭니다.

6 다시 줄을 교차하여 32줄로 마름모 패턴을 4개 만듭니다.

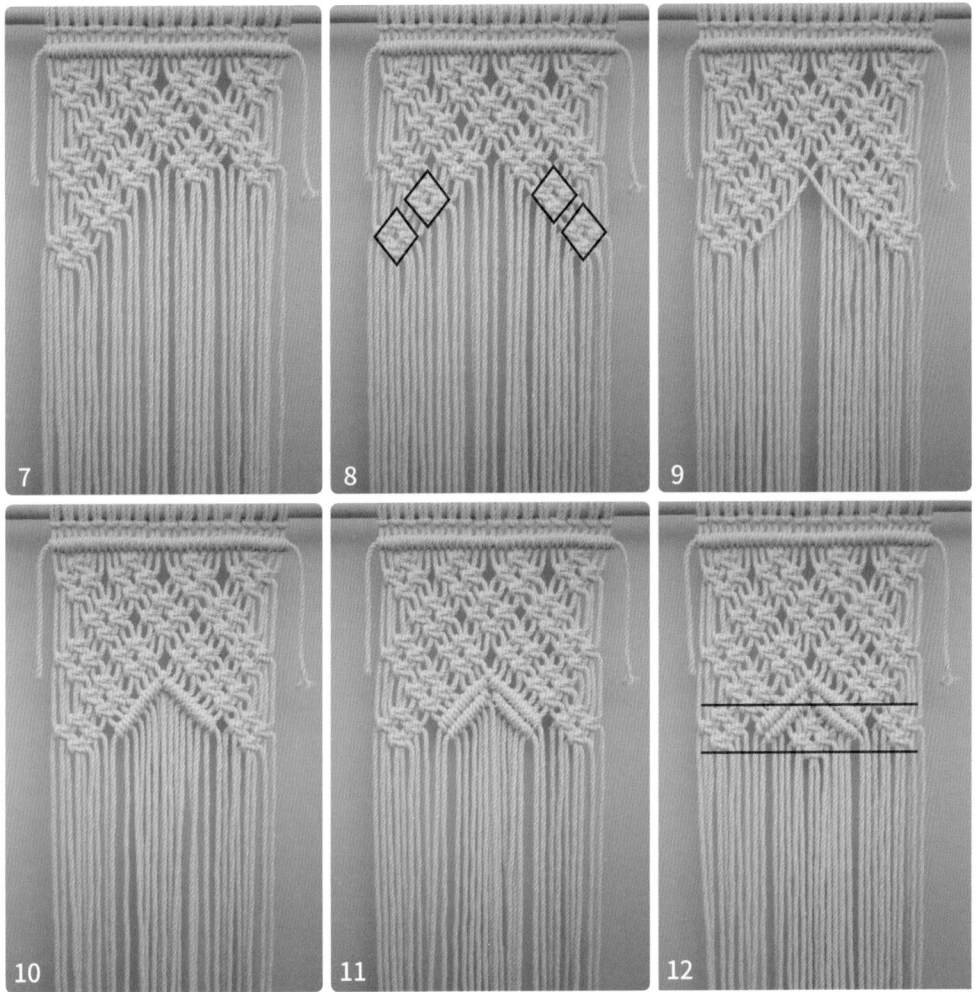

7   사진과 같이 두 마름모 패턴 사이에 평 매듭을 교차하여 마름모 패턴을 대각선 방향으로
    2개 만듭니다.

8   반대쪽도 동일하게 만들어줍니다.

9~10 가운데 2줄을 교차하여 기둥줄로 잡고, 나머지 14줄을 엮음줄로 하여 ㅅ모양으로
     사선 감아매기 합니다.

11 다시 가운데 2줄을 기둥줄로 잡고 ㅅ모양으로 사선 감아매기 합니다.

12 감아매기 매듭 가운데 8줄로 교차 평 매듭 하여 마름모 패턴을 만듭니다. 마름모 패턴은
    양옆의 패턴과 높이를 맞춰 줍니다.

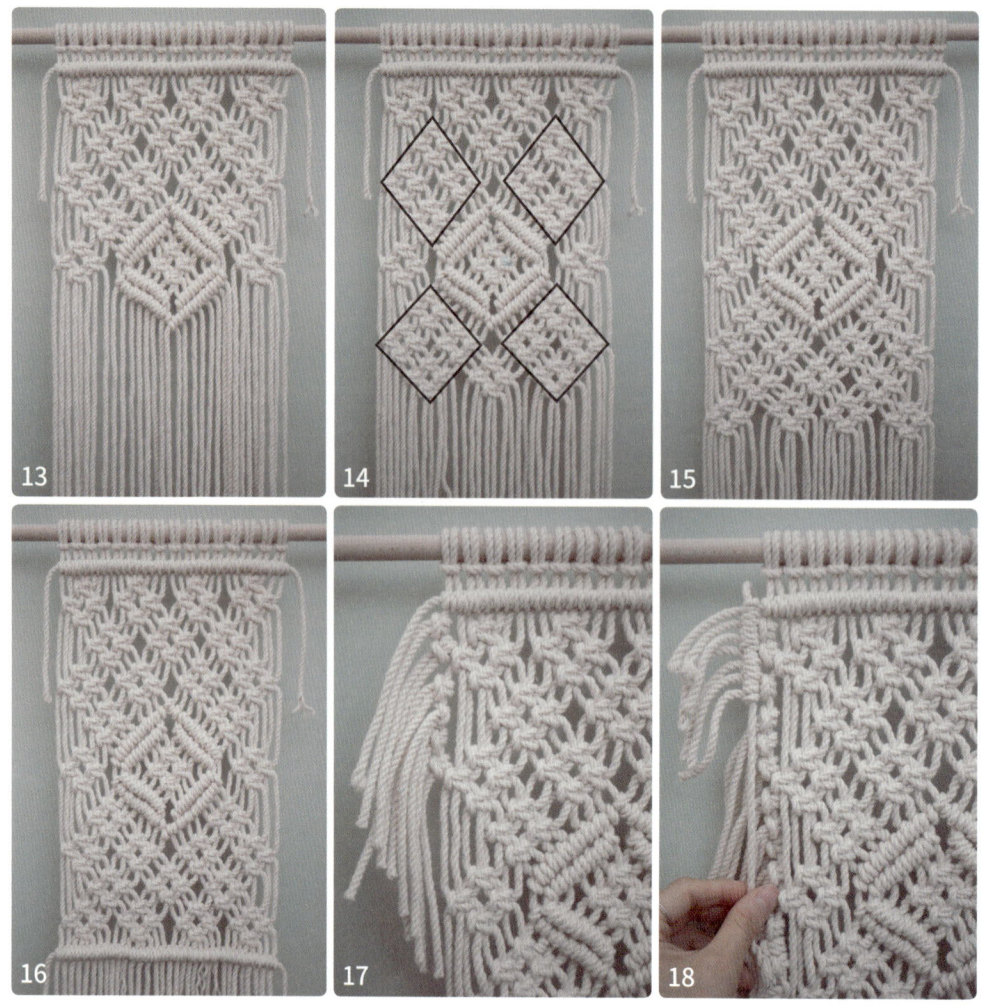

13 이번에는 안쪽 감아매기 기둥줄부터 V모양으로 사선 감아매기 합니다. 바깥쪽 감아매기 기둥줄도 V모양으로 사선 감아매기 한 뒤, 기둥줄끼리 감아매기 합니다.

14~15 다시 **8**번부터 **3**번까지의 역순서로 위아래가 대칭이 되도록 패턴을 만듭니다.

16 1cm 아래에 40cm 줄을 기둥줄로 하여 수평 감아매기 합니다.

17 25cm 줄을 반 접어서 양쪽 끝줄에 각 20줄씩 종달새머리 매듭으로 엮어줍니다.

(2, 4, 4, 4, 4, 2줄)

18~19 50cm 줄을 기둥줄로 잡고 25cm 줄을 엮음줄로 하여 수직 감아매기 합니다.

18~19 50cm 줄을 기둥줄로 잡고 25cm 줄을 엮음줄로 하여 수직 감아매기 합니다.

20 반대쪽도 동일하게 매듭을 엮어줍니다.

21 목봉에서 매듭을 뺀 뒤에 3cm 여유를 두고 자르고, 빗으로 꼬인 부분을 풀어 완성합니다.

샹들리에
Chandelier

피시본 패턴과 마름모 패턴으로 만드는 100cm 길이의 샹들리에입니다.

가운데에 조명을 넣으면 매듭 사이로 빛이 새어 나와서 천장이나 벽에 아름답게 반사됩니다.

♡ **재료**

5mm(150합) 극세사 면 로프 136m

지름 6.5cm 금속링 1개

지름 28cm 금속링 1개

♡ **매듭법 & 패턴**

뒷면 종달새머리 매듭

평 매듭

사선 감아매기

수평 감아매기

피시본 패턴

마름모 패턴

♡ **미리 준비해주세요.**

200cm 2줄

300cm 44줄

1 지름 6.5cm 금속링에 200cm 2줄을 반 접어서 뒷면 종달새머리 매듭으로 엮어줍니다.

2~4 28cm 금속링을 줄의 바깥에 놓고 15cm 아래에 4방향으로 각각 수평 감아매기 합니다.

5 300cm 줄을 각 11개씩 나눠서 금속링의 네 방향에 뒷면 종달새머리 매듭으로 걸어줍니다.

6~9 22줄에서 가운데 2줄을 제외하고 10줄을 한 세트로 사용하여 피시본 패턴을 총 8개 만듭니다.

6~9 22줄에서 가운데 2줄을 제외하고 10줄을 한 세트로 사용하여 피시본 패턴을 총 8개
만듭니다.

10~11 가운데 남아있던 2줄을 기둥줄로 잡고 각 피시본 패턴에서 엮음줄을 하나씩 교차하여
피시본 패턴의 평 매듭 세넛을 총 4개 만듭니다.

12~13 수평 감아매기 했던 200cm 줄 1개를 기둥줄로 잡고 엮음줄을 교차하여 피시본 패턴의
평 매듭 세넛을 총 4개 만듭니다.

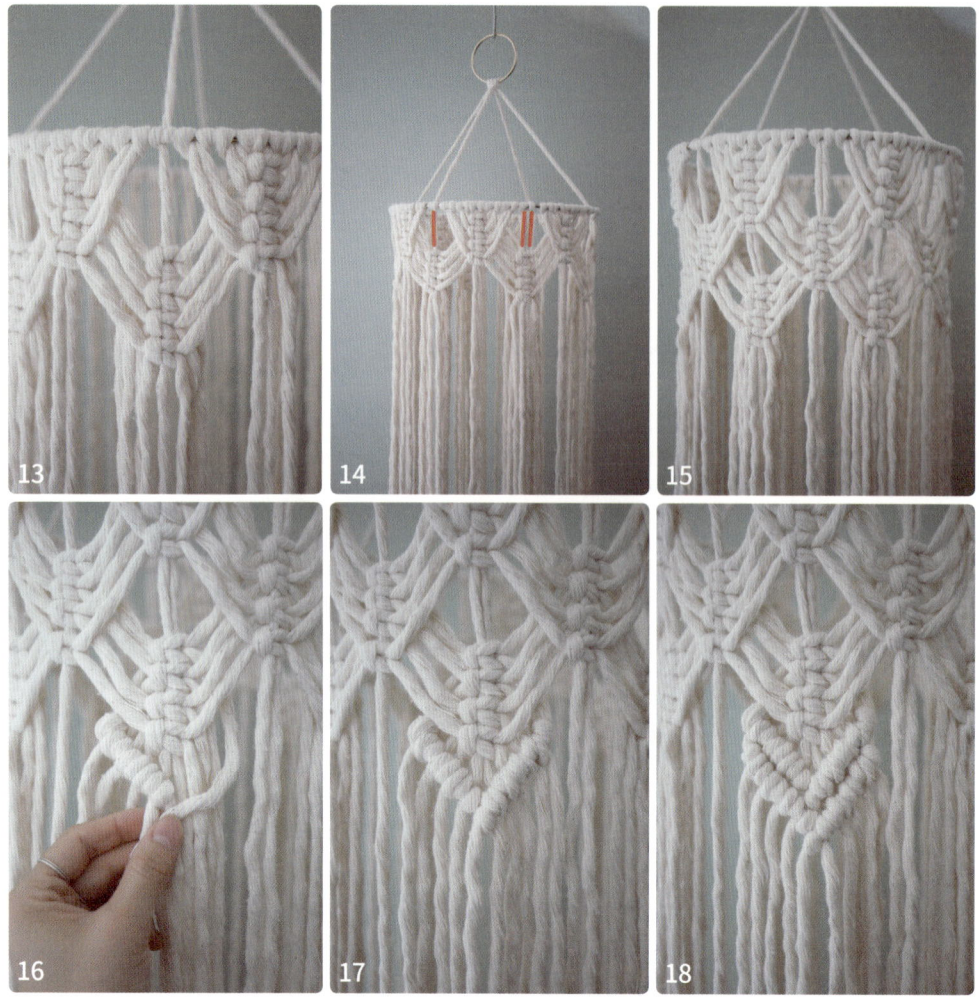

12~13 수평 감아매기 했던 200cm 줄 1개를 기둥줄로 잡고 엮음줄을 교차하여 피시본 패턴의
평 매듭 세닛을 총 4개 만듭니다.

14 1개의 기둥줄로 만드는 피시본 패턴과 2개의 기둥줄로 만드는 피시본 패턴이 교차합니다.

15 피시본 패턴을 한 줄 더 반복합니다.

16~17 피시본 패턴의 첫 번째 엮음줄을 기둥줄로 잡고 V모양으로 사선 감아매기 합니다.

18 양 끝줄을 기둥줄로 잡고 V모양으로 사선 감아매기 합니다. 나머지 피시본 패턴도
동일하게 사선 감아매기 합니다.

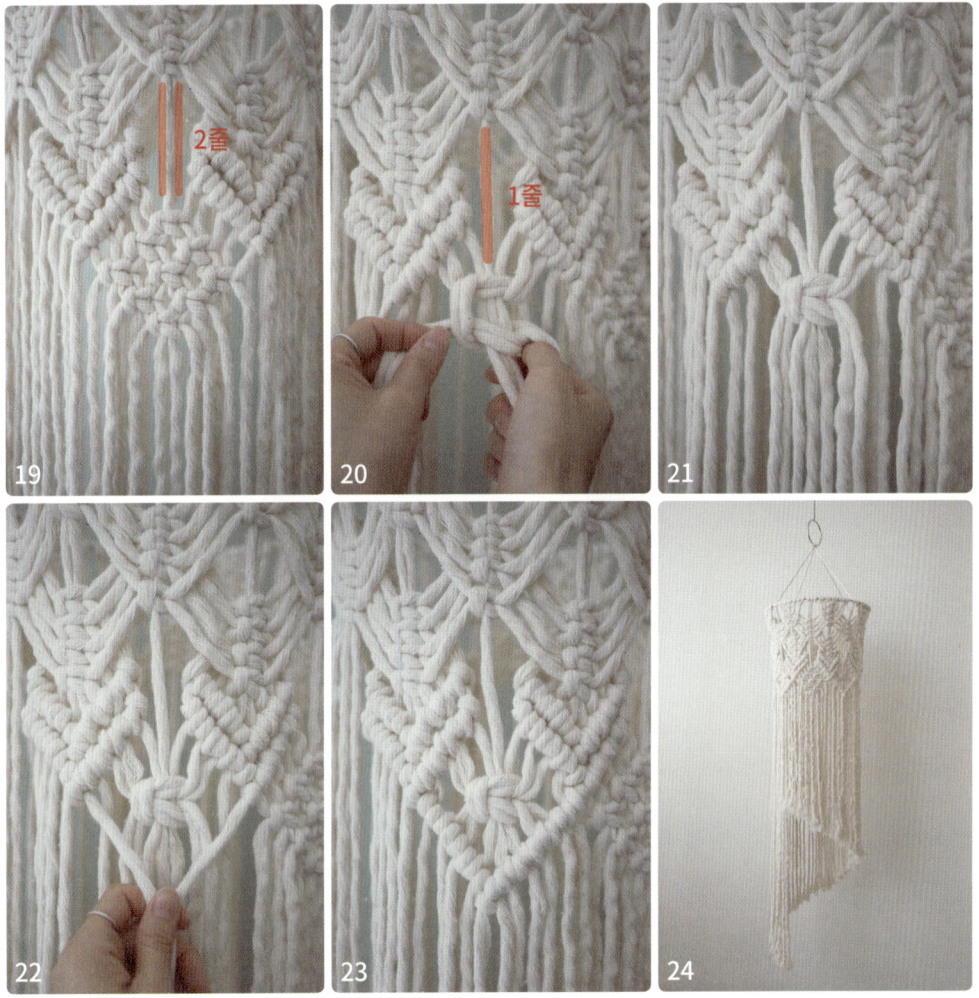

19 사선 감아매기 매듭 사이에 기둥줄이 2개인 경우, 12줄로 마름모 패턴을 만듭니다.

20~21 사선 감아매기 매듭 사이에 기둥줄이 1개인 경우, 3줄을 기둥줄로 잡고 양옆의 줄을
각 2개씩 엮음줄로 하여 평 매듭을 만듭니다.

22~23 두 사선 감아매기 매듭의 기둥줄을 하나씩 가져와서 V모양으로 사선 감아매기 합니다.

24 전체를 동일하게 반복하여 완성합니다.

꼬임 조명등
Spiral Rope Lamp

처음부터 끝까지 평돌기 매듭을 반복하여 만드는 3m 길이의 조명등입니다.
과정은 단순하지만 천장에 매달아 놓는 것만으로도 존재감이 확실한 장식등입니다.

♡ **재료**

6mm(180합) 면 로프 281m

3m 조명등

♡ **매듭법 & 패턴**

평돌기 매듭

랩 매듭

♡ **미리 준비해주세요.**

280m 1줄

90cm 1줄

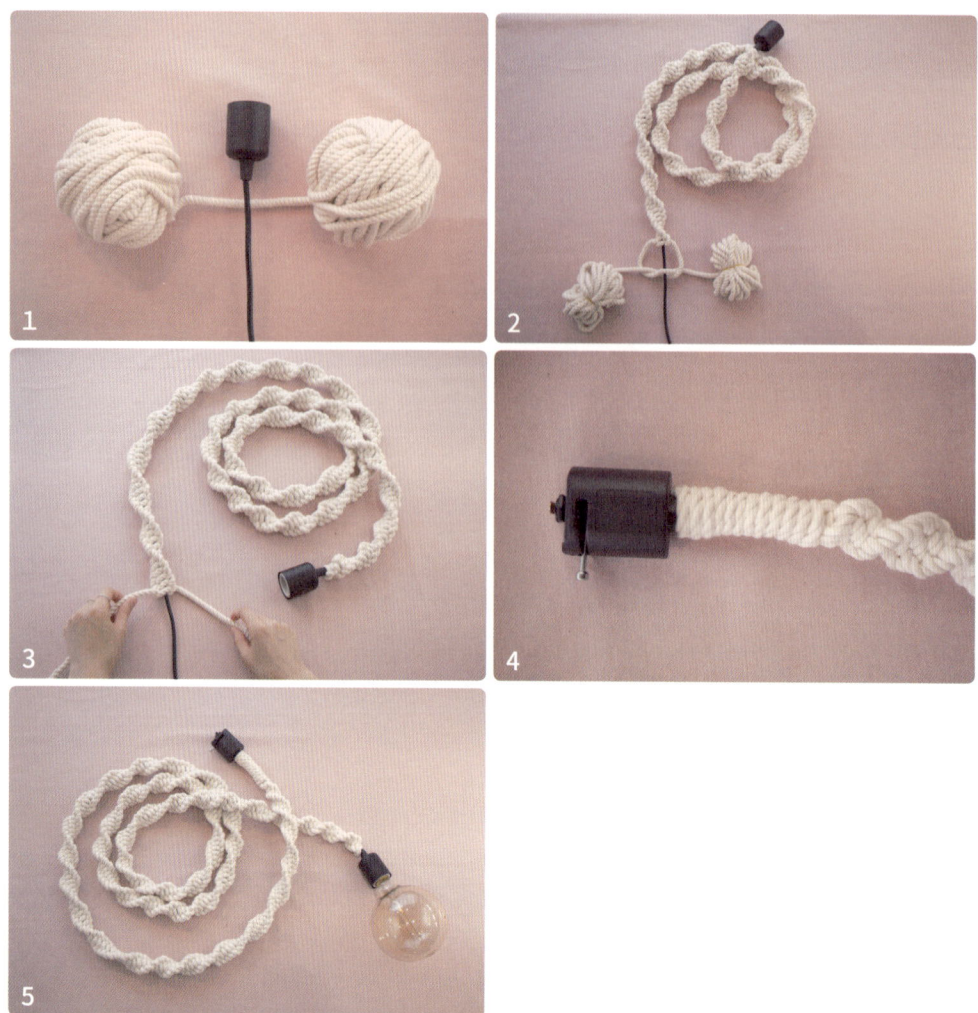

1 280m 줄을 반으로 나눠서 엉키지 않도록 양쪽으로 감아둡니다. 조명등 선을 280m 줄의
   가운데에 올립니다.

2 조명등 선을 기둥줄로 사용하여 평 매듭을 반만 합니다. 다시 엮음줄을 잡고 같은 방향으로
   평 매듭을 반만 반복합니다.

3 매듭을 적당한 힘으로 조여가며 반복하면 자연스럽게 나선형 모양의 매듭이 만들어집니다.

4 90cm 줄로 조명등 선의 끝부분을 랩 매듭 하여 고정합니다.

5 조명을 연결하면 완성입니다.

캔들 홀더
Candle Holder

유리병에 마크라메로 매듭을 엮어서 어두운 밤을 은은하게 밝혀주는 캔들 홀더를 만듭니다.

♡ 재료

2mm(24합) 면 로프 12.5m

500ml 유리병

♡ 매듭법 & 패턴

수직 종달새머리 매듭

종달새머리 매듭

평 매듭

교차 평 매듭

사선 감아매기

삼각형 패턴

♡ 미리 준비해주세요.

70cm 1줄

50cm 23줄

1~3 유리병에 70cm 줄을 감습니다. 오른쪽 줄을 기둥줄로 잡고, 왼쪽 줄을 엮음줄로 하여
수직 종달새머리 매듭을 합니다.

4 50cm 줄 23개를 반으로 접어서 70cm 줄에 종달새머리 매듭으로 걸어줍니다.

5 0.5cm 간격을 두고 교차 평 매듭을 2줄 합니다.

6 전체 줄을 4등분하여 3개의 평 매듭으로 시작하는 역삼각형 패턴을 만듭니다. 총 4개의
역삼각형 패턴이 만들어집니다.

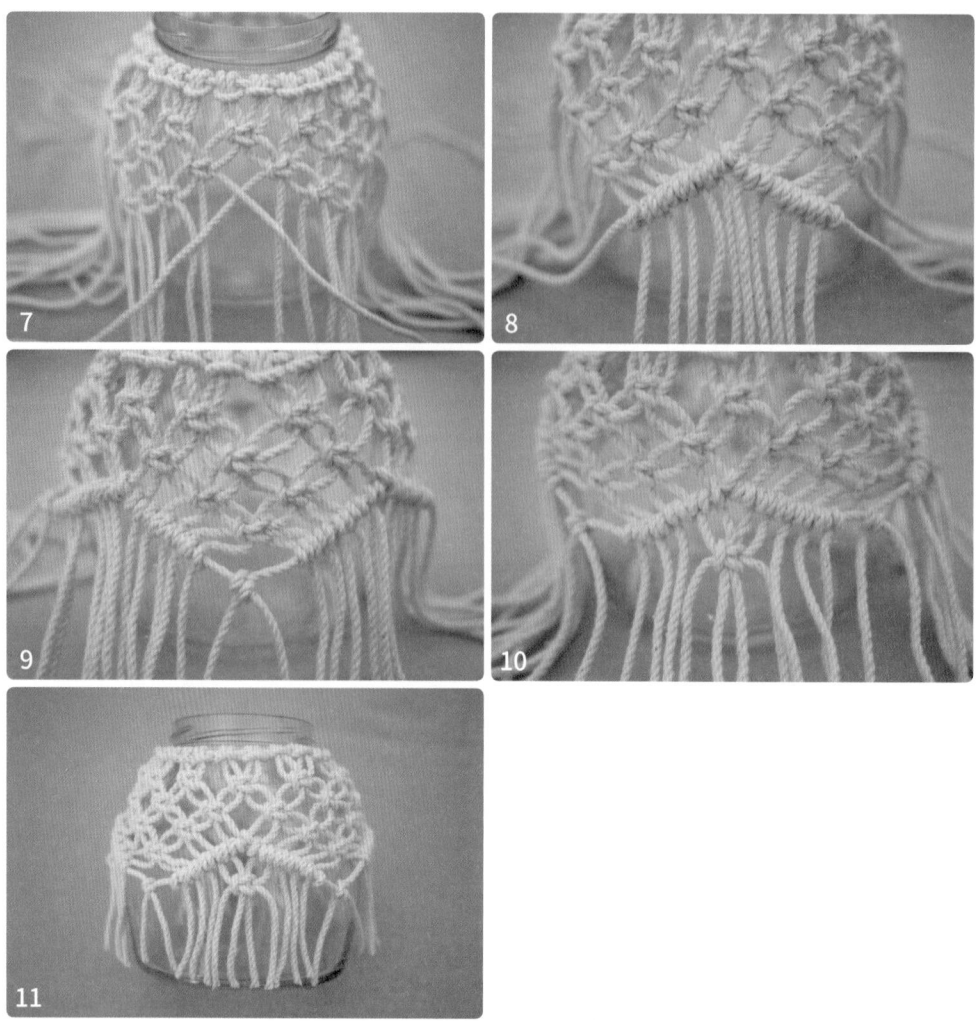

7~8 역삼각형 패턴의 사이의 가운데 2줄을 교차하여 ㅅ모양으로 각각 6번씩 사선 감아매기
　　 합니다. 나머지 3곳도 동일한 방법으로 감아매기 합니다.

9　사선 감아매기한 기둥줄끼리 감아매기로 연결합니다.

10　ㅅ 모양의 감아매기 매듭의 가운데 4줄로 평 매듭을 합니다.

11　병의 길이에 맞춰 밑단을 잘라 완성합니다.

냄비 받침
Pot Holder

뜨거운 냄비나 티 포트를 올려놓을 때 사용하는 지름 14cm의 냄비 받침입니다.
마줄로 만들어서 때가 탈 걱정이 없고 사용할수록 빈티지한 매력이 더해집니다.
반나선 감아매기 매듭은 자연스럽게 회전하는 것이 특징이지만 여기에서는 원형 고리의 테두
리 역할을 합니다.

♡ **재료**

3mm 마 로프 13.5m
지름 9cm 유리병 (대체 가능)

♡ **매듭법**

반나선 감아매기
한 매듭

♡ **미리 준비해주세요.**

600cm 1줄
750cm 1줄

1~2 지름 9cm 유리병에 600cm 마줄을 감아줍니다.

3 종이테이프로 줄을 임시 고정합니다. 750cm 엮음줄의 한쪽 끝을 10cm 남기고 고리 안으로 통과시켰다가 엮음줄의 앞으로 빼줍니다.

4 다시 고리 안으로 줄을 통과시켜서 엮음줄 사이로 빼주고 줄을 조입니다.

5 줄이 느슨해지지 않도록 일정하게 줄을 조이면서 오른쪽 방향으로 매듭을 감습니다.

6 다시 처음 엮음줄과 만날 때까지 매듭을 감고, 두 줄을 한 매듭으로 묶습니다.

7 5cm 여유를 두고 한 번 더 한 매듭으로 묶어주면 완성입니다.

행잉 선반
Hanging Shelves

벽에 걸어두면 인테리어 효과도 낼 수 있고 화분이나 소품을 올려놓을 수도 있는 마크라메 장식 선반입니다.

♡ **재료**

4mm(90합) 면 로프 60m

60cm 목봉

45 × 20 × 2 (cm) 선반

♡ **매듭법 & 패턴**

종달새머리 매듭

평 매듭

교차 평 매듭

사선 감아매기

반나선 감아매기

랩 매듭

그물 패턴

♡ **미리 준비해주세요.**

* 뒷면 레이어드

80cm 6줄

60cm 14줄

* 앞면 레이어드

200cm 8줄

40cm 32줄

* 선반 다리

400cm 4줄

70cm 2줄

* 뒷면 레이어드

1 80cm 줄 4개를 반으로 접어서 종달새머리 매듭으로 목봉에 걸어줍니다.

2 가운데 4줄로 목봉 밑에 평 매듭을 하나 만듭니다. 양옆의 2줄과 교차하여 3cm 밑에 교차
   평 매듭을 오른쪽과 왼쪽에 하나씩 만들고, 다시 2줄을 교차하여 3cm 밑에 평 매듭을 합니다.

3 60cm 줄 14개를 반으로 접어서 평 매듭 사이에 각각 3, 4, 4, 3개씩 종달새머리 매듭으로
   걸어줍니다. 80cm 2줄은 양쪽 끝에 각각 줄의 길이를 다르게 하여 걸어줍니다. 안쪽이
   30cm, 바깥쪽이 50cm가 되게 만듭니다.

4 50cm 길이의 양쪽 끝줄을 기둥줄로 잡고 나머지 줄을 엮음줄로 하여 수평 감아매기 합니다.
   두 기둥줄은 감아매기로 연결합니다. 밑단을 가위로 잘라 정리해줍니다.

* 앞면 레이어드

5 200cm 줄 8개를 반으로 접어서 뒷면 레이어드 양옆에 각 4줄씩 종달새머리 매듭으로
   걸어줍니다.

6 8줄로 평 매듭을 2개 만들고 간격 없이 교차 평 매듭을 합니다.

7 6번의 과정을 6번 더 반복하여 그물 패턴을 만들고, 좌우 대칭이 되도록 옆의 8줄도
   동일하게 반복하여 만들어줍니다.

8 두 그물 패턴에서 가장 안쪽에 있는 2줄씩 가져와서 교차 평 매듭을 합니다.

9~10 각 그물 패턴의 바깥쪽 4줄을 잡고 교차 평 매듭을 합니다.

11 두 그물 패턴의 가운데 2줄을 기둥줄로 잡고 감아매기 합니다.

12 ㅅ모양으로 사선 감아매기 합니다.

13 양끝에서 3번째 줄을 엮음줄, 가운데 10줄을 기둥줄로 하여 평 매듭을 합니다.

14 다시 사선 감아매기로 V모양을 만들고 기둥줄끼리 감아매기로 연결합니다.

15~17 40cm 줄 32개를 종달새머리 매듭으로 그물패턴의 끝줄에 각 2개씩 걸어줍니다.

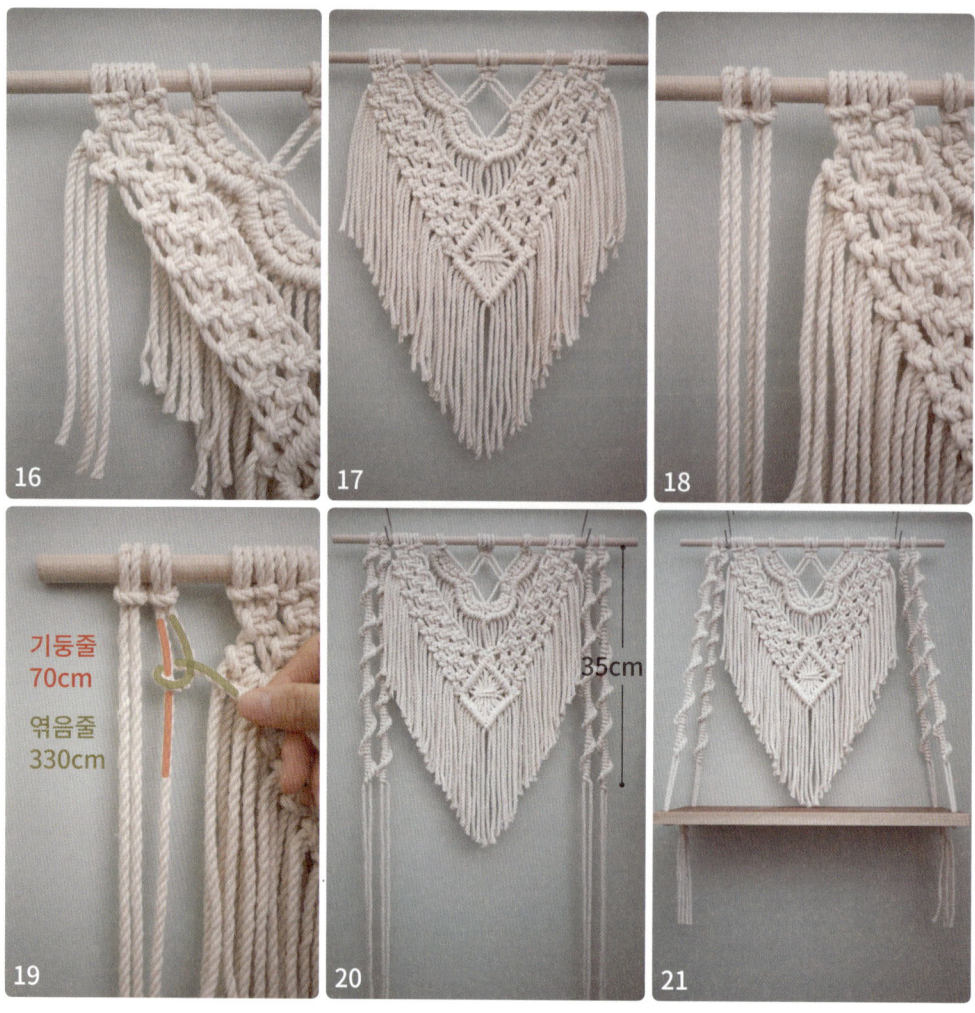

15~17 40cm 줄 32개를 종달새머리 매듭으로 그물패턴의 끝줄에 걸어줍니다.

18 400cm 줄을 각 2개씩 목봉 양쪽 끝에 종달새머리 매듭으로 걸어줍니다. 기둥줄이 70cm,
    엮음줄이 330cm 길이가 되도록 만듭니다.

19 엮음줄로 기둥줄을 반나선 감아매기 합니다.

20 세로로 약 35cm 길이까지 반나선 감아매기 하여 선반을 연결하는 기둥을 네 개 만듭니다.

21 모서리가 총 4군데 뚫려있는 선반에 4개의 기둥을 통과시켜서 수평을 맞춥니다. 선반
    밑에서 70cm 줄을 사용하여 앞뒤로 줄을 4개씩 잡고 랩 매듭 합니다. 밑단을 정리하여
    완성합니다.

마크라메 거울
Macrame Mirror

나비 패턴의 문양을 넣어 심플하면서도 고급스러운 분위기를 연출하는 마크라메 거울입니다. 책에서는 정육각형 거울을 사용하였지만 직사각형이나 원형 거울로도 만들 수 있는 디자인입니다.

♡ **재료**

3.5mm(60합) 면 로프 23m
한 면이 13cm인 정육각형 거울
지름 7cm, 안지름 5cm 우드링

♡ **매듭법 & 패턴**

종달새머리 매듭
평 매듭
교차 평 매듭
사선 감아매기
나비 패턴

♡ **미리 준비해주세요.**

250cm 9줄

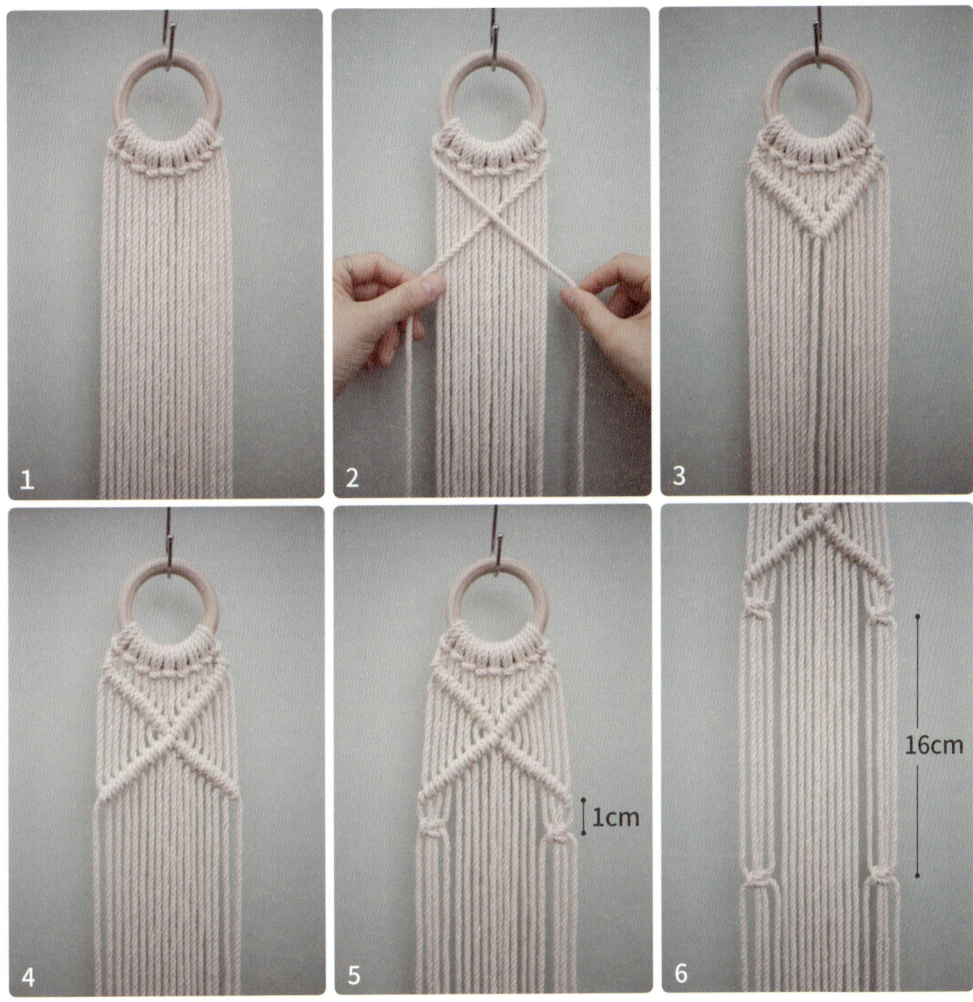

1 250cm 줄 9개를 반으로 접어서 우드링에 종달새머리 매듭으로 걸어줍니다.

2~4 양쪽 끝줄을 기둥줄로 잡고 X자 모양으로 사선 감아매기 합니다.

5 양쪽 끝에서 각각 4줄씩 잡고 1cm 아래에 평 매듭을 2개 만듭니다.

6 같은 줄로 양쪽 16cm 아래에 평 매듭을 2개 만듭니다.

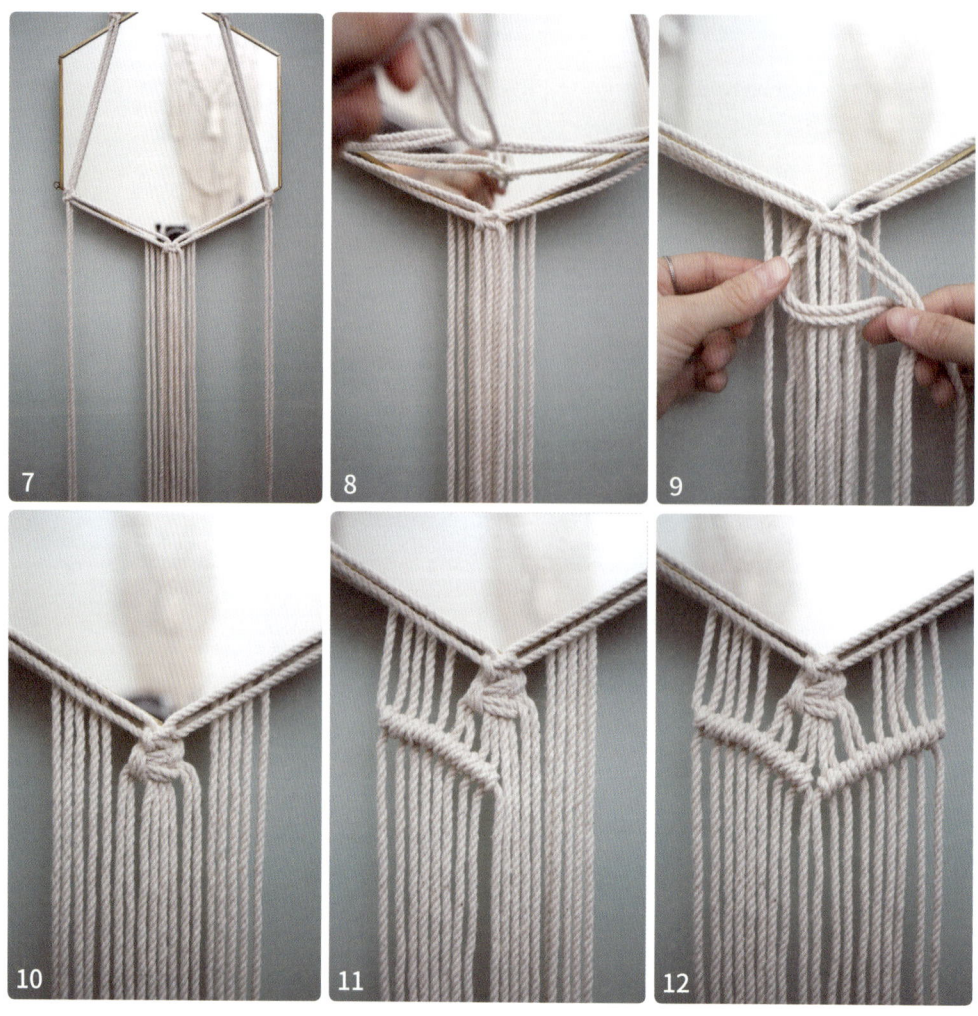

7~8 두 평 매듭에서 2줄씩 교차하여 거울 모서리 지점에 앞뒤로 평 매듭을 2개 만듭니다.

9~10 뒤의 평 매듭 4줄을 엮음줄, 앞의 평 매듭 4줄을 기둥줄로 잡고 평 매듭을 한 번 더 합니다.

11~12 양쪽 끝줄을 기둥줄로 잡고 나머지 줄을 엮음줄로 하여 각 8번씩 사선 감아매기 합니다.

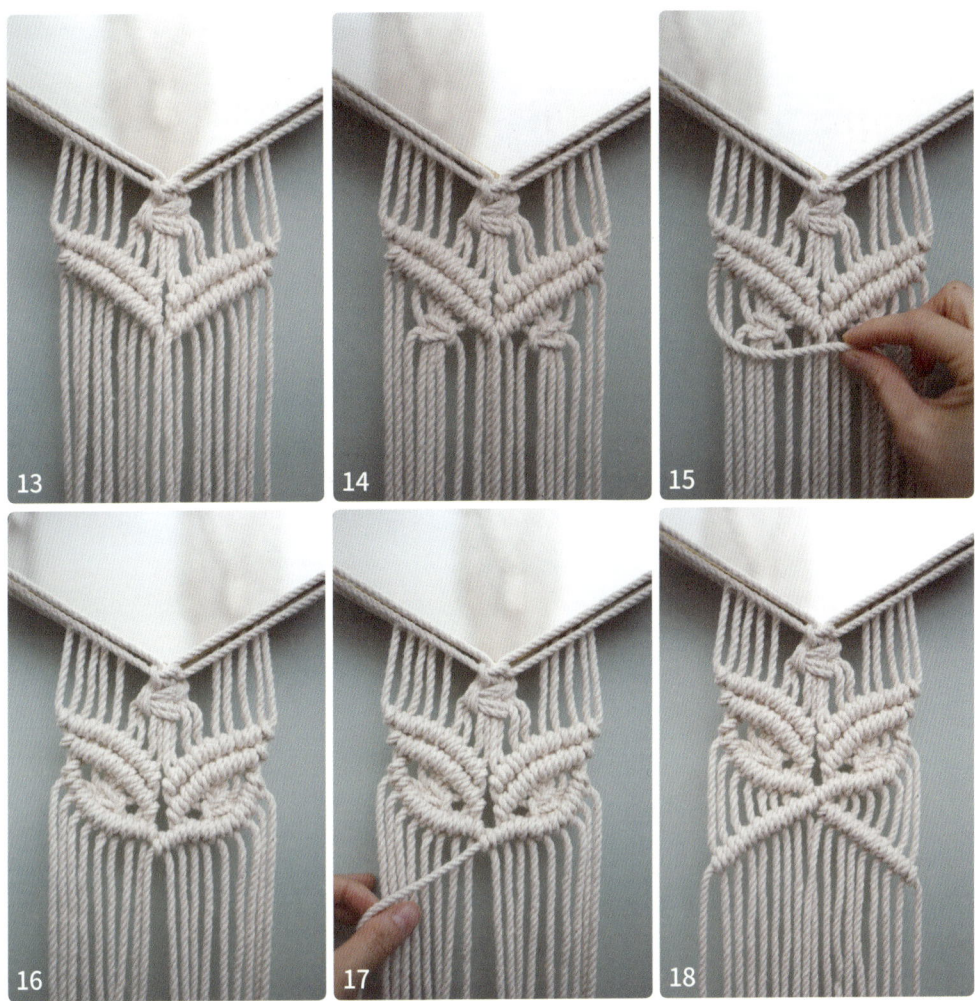

13 바로 아래에 다시 양쪽 끝줄을 기둥줄로 잡고 가운데까지 각 8번씩 사선 감아매기 합니다.

14 사선 감아매기를 한 양쪽 아래에서 맨 끝에 2줄을 남기고, 가운데 3줄을 기둥줄로 하여
   각각 평 매듭을 하나씩 만듭니다. 왼쪽 평 매듭을 할 때는 줄의 순서를 반대로 해서
   매듭이 오른쪽에서 끝나도록 합니다.

15~16 양쪽 끝줄을 기둥줄로 잡고 각각의 평 매듭을 감싸듯이 사선 감아매기 합니다.

17 기둥줄끼리 감아매기 합니다. 엮음줄과 기둥줄은 임의로 정합니다.

18 ㅅ모양으로 사선 감아매기 하여 내려옵니다.

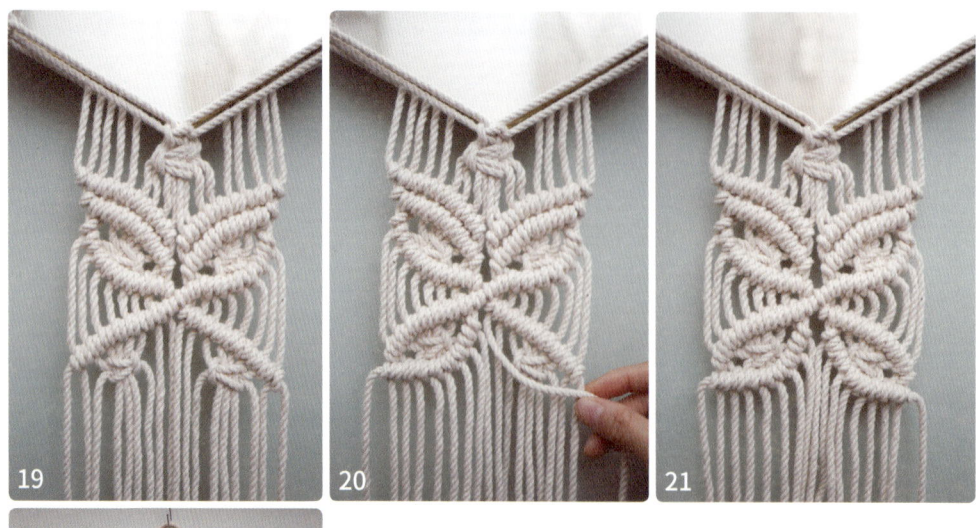

19 14번과 동일하게 평 매듭을 합니다.

20~21 가운데 2줄을 기둥줄로 잡고 각각의 평 매듭을 감싸듯이 ㅅ모양으로 사선 감아매기
    합니다.

22 밑단을 모양내어 잘라주면 완성입니다.

마크라메 모빌
Macrame Mobile

보헤미안 스타일의 개성 넘치는 모빌로 피코 매듭과 깃털 장식으로 포인트를 주어 신선함을 더했습니다.

빙글빙글 돌아가는 모빌을 보고 있으면 동심의 세계로 돌아가는 기분이 듭니다.

♡ **재료**

3.5mm(60합) 면 로프 28m

지름 3cm 우드링 1개

지름 26cm 우드링 1개

지름 2cm, 안지름 1cm 우드비즈 4개

♡ **매듭법**

한 매듭

좌우 반감아매기

평 매듭

종달새머리 매듭

피코 평 매듭

수직 감아매기

♡ **미리 준비해주세요.**

230cm 5줄

120cm 4줄

20cm 4줄

* 깃털 장식

80cm 2줄

60cm 2줄

15cm 50줄

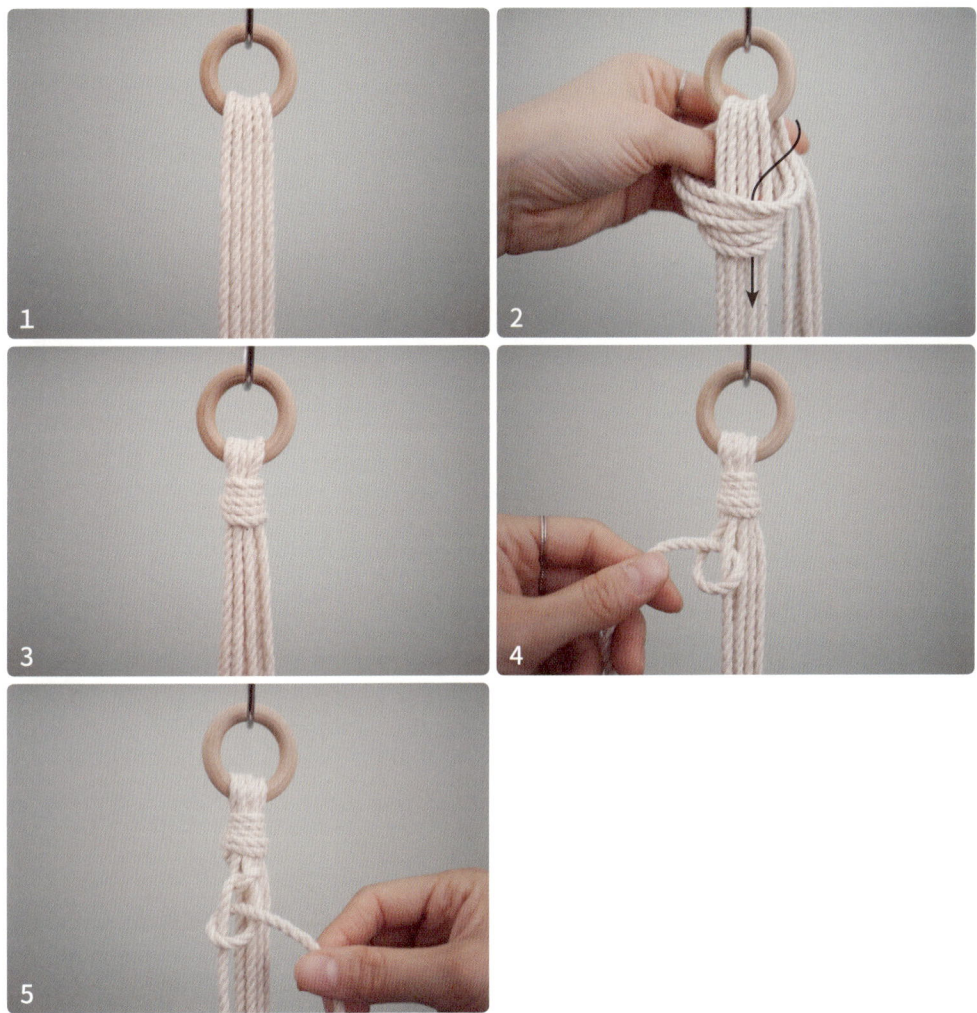

1 지름 3cm 우드링에 230cm 줄 5개를 반으로 접어 걸어줍니다.

2~3 뒤에 있는 5줄을 사용하여 전체 줄을 한 매듭으로 묶습니다.

4~5 줄을 2개 잡고 엮음줄과 중심줄을 번갈아가며 좌우 반감아매기 합니다.

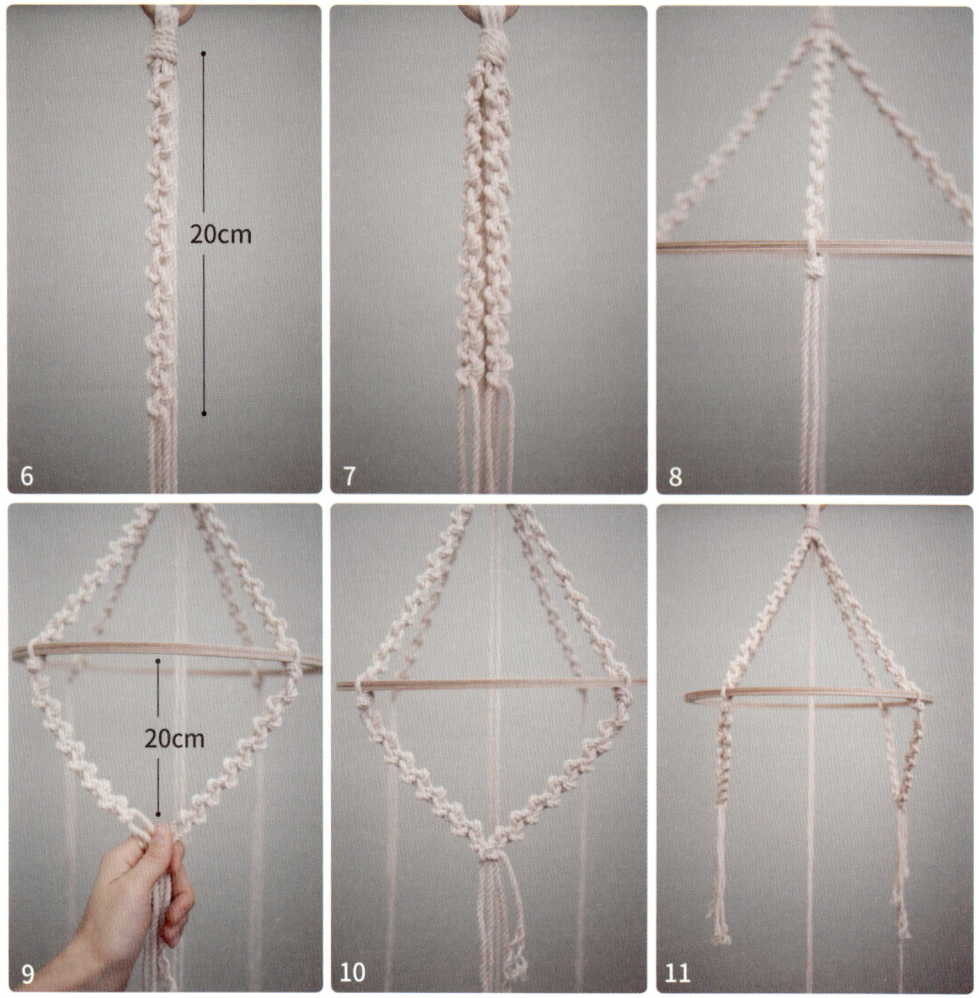

6   세로로 20cm 길이가 되도록 총 10번의 좌우 반감아매기를 합니다.

7   **4**번부터 **6**번까지의 과정을 3번 더 반복하여 총 4개의 좌우 반감아매기 매듭을 만듭니다.

8   매듭 줄을 네 방향으로 놓고 지름 26cm 우드링에 한 매듭으로 묶어줍니다. 남은 2줄은
     중앙에 늘어뜨립니다.

9~10 한 매듭 밑으로 양옆의 줄을 각 7번씩 좌우 반감아매기를 반복하고, 두 매듭 줄을
     가운데로 모아서 평 매듭을 합니다.

11   반대쪽도 **9**번부터 **10**번까지의 과정과 동일하게 만듭니다.

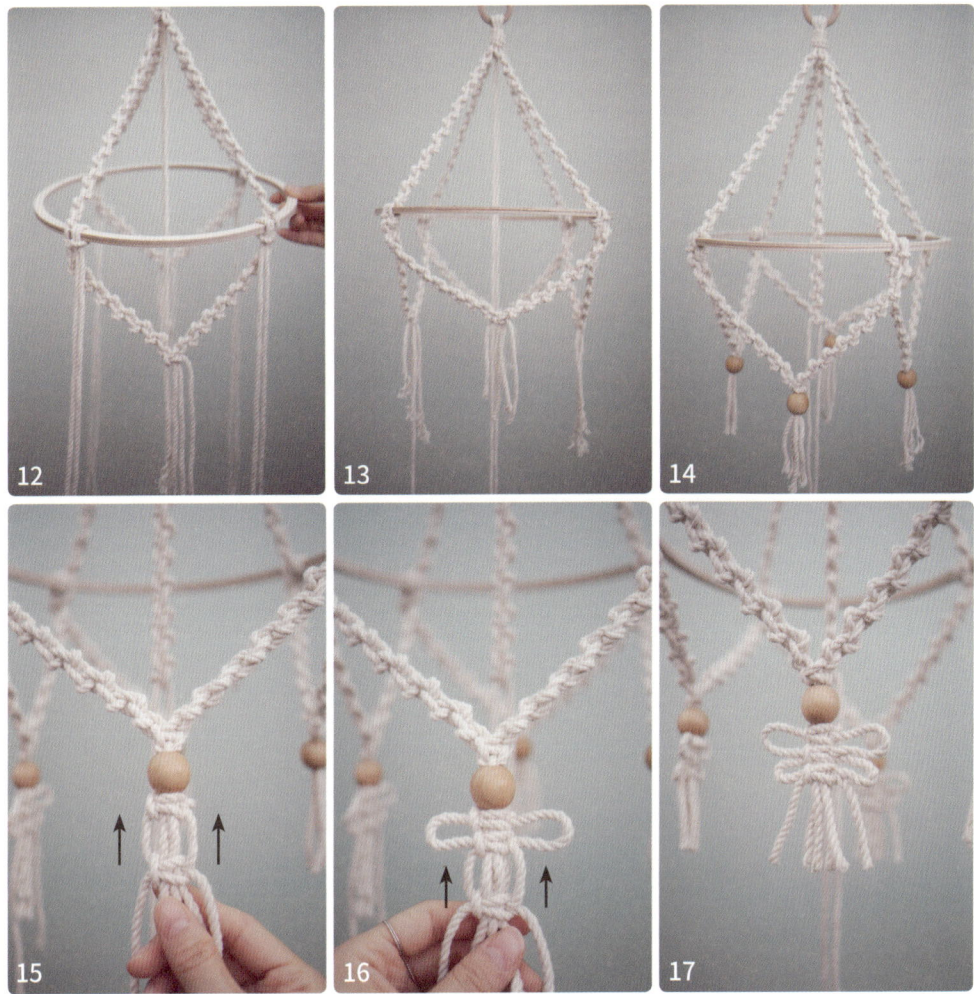

12 120cm 줄 4개를 반으로 접어서 각 매듭줄 옆에 종달새머리 매듭으로 걸어줍니다.

13 종달새머리 매듭으로 걸어준 줄을 각각 8번씩 좌우 반감아매기 하고, 두 매듭줄을 모아서
　 평 매듭을 합니다.

14 4개의 평 매듭 바로 아래에 우드비즈를 각각 꿰어줍니다. 가운데 남아있던 2줄도 좌우
　 반감아매기를 18번 합니다.

15 20cm 줄을 가져와서 엮음줄로 잡고 기존의 4줄을 기둥줄로 하여 평 매듭을 합니다.
　 3cm 아래에 다시 평 매듭을 만들고 위로 당겨서 피코 평 매듭을 만듭니다.

16 2cm 밑에 평 매듭을 하나 만들고 위로 당겨서 크기가 다른 피코 평 매듭을 2개 완성합니다.

17 다른 세 곳도 반복합니다.

* 깃털 장식

18 80cm 줄을 반으로 접어 S자 고리에 걸어줍니다.

19~20 80cm 줄을 기둥줄, 15cm 줄을 엮음줄로 잡고 수직 감아매기 합니다.

21 15cm 줄 총 10개를 기둥줄에 수직 감아매기한 모습입니다.

22 빗질하여 꼬인 부분을 풀어주고 깃털 모양으로 잘라줍니다. 나머지 줄(80cm 1줄, 60cm 2줄)도 같은 방법으로 깃털장식을 만듭니다.

23 우드링 가운데에 남아있던 2줄도 기둥줄로 잡고, 15cm 줄 10개로 수직 감아매기 하여 깃털 장식을 만들어 줍니다.

24 우드링에 있는 네 방향의 매듭줄 옆에 각각의 깃털 장식을 종달새머리 매듭으로 걸어줍니다. 80cm 줄은 80cm 줄끼리, 60cm 줄은 60cm 줄끼리 서로 마주보도록 걸어주며 모빌을 완성합니다.

저자협의
인지생략

두 손에 머무는
매듭의 시간, 마크라메

1판 1쇄 인쇄 2019년 5월 15일 **1판 1쇄 발행** 2019년 5월 20일
1판 2쇄 인쇄 2020년 7월 15일 **1판 2쇄 발행** 2020년 7월 20일

지 은 이 김혜영
발 행 인 이미옥
발 행 처 아이생각
정   가 16,000원
등 록 일 2003년 3월 10일
등록번호 220-90-18139
주   소 (03979) 서울시 마포구 성미산로 23길 72 (연남동)
전화번호 (02) 447-3157~8
팩스번호 (02) 447-3159

ISBN 978-89-97466-58-0 (13630)
I-19-03

i THINK
아이생각

D·J·I BOOKS
DESIGN STUDIO

굿즈	———————	D·J·I BOOKS
캐릭터		DESIGN STUDIO
광고		2018
브랜딩		
출판편집		J&JJ BOOKS
		2014

굿즈

캐릭터

광고

브랜딩

출판편집

D·J·I BOOKS
DESIGN STUDIO
2018

J&JJ BOOKS
2014

I THINK BOOKS
2003

DIGITAL BOOKS
1999

facebook.com/djidesign